Encuentro en el teatro

Recopilación: José Díaz

Encuentro en el teatro

Recopilación: José Díaz

José Díaz
Encuentro en el teatro

ISBN 978-1-7379109-8-5
Registro legal

Diciembre 2025

Correo electrónico de José Díaz:
panoramalatin@hotmail.com
josediaz.escritor@gmail.com
danilza@ptd.net
YouTube - José Díaz. Escritor
josediazescritor.blogspot.com

Impreso en los Estados Unidos

El 7 de noviembre de 2025, a las 7 de la noche, en el teatro Touchstone, ubicado en el 321 este de la calle 4 en Bethlehem, PA, EUA., los integrantes del "Taller de teatro experimental José Díaz" celebramos un "Encuentro en el teatro", al cual asistieron amigos, entusiastas de las artes escénicas y seguidores de nuestro grupo. Me dí a la tarea de recoger el trabajo y las opiniones de las compañeras del grupo, los detalles de la actividad realizada por nosotros y varias de las afirmaciones de quienes nos acompañaron esa noche. Este libro es una recopilación de esa fabulosa velada que fue una celebración para nosotros y que Danilza Velázquez, mi esposa, nos ayudó a registrar con su cámara fotográfica.

Gracias a Christopher Shorr y al Touchstone Theater en Bethlehem por el apoyo que nos han brindado desde nuestro comienzo, gracia también a Marlyn Barbosa del Centro TEC en Lancaster, a Violet Emory del Centro TEC en Reading y a Siria Rivera del Providence Center en Filadelfia por el respaldo que nos han proporcionado. Gracias a todos los que nos han acompañado a lo largo del camino que iniciamos en 2022.

TALLER DE TEATRO EXPERIMENTAL

JOSÉ DÍAZ

ALLENTOWN, PA., EUA

Taller Experimental José Díaz

Director: José Díaz

Actrices: Amparo Cordero
Ana María Hamilton
Ana Milena Campo
Chiquinquirá Morales
Einis Dávila
Kathy Cruz
Milly Canelo
Ogilda Bueno
Sandra Vargas
Sonia Hernández
Vianesa Tatis

Contenido

Los integrantes del grupo

José Díaz

José Díaz, nació en Cali, Colombia (1953), terminó su carrera en Gerencia y Mercadeo y un MBA en Gerencia en la Universidad Mundial en Puerto Rico. En el Lehigh County Community College en Pensilvania, obtuvo un grado asociado en contabilidad. En la Universidad de Nueva York se graduó en negocios internacionales.

En 1977 se casó con Danilza Velázquez.

Fundó en 2002 y es desde entonces el editor del periódico "Panorama Latin News", que circula los miércoles, cada quince días, en Filadelfia y ciudades vecinas en los Estados Unidos.

Obtuvo el Premio de Oro a la mejor fotografía internacional otorgado por la Asociación de Periódicos Hispanos de los Estados Unidos en Las Vegas, Nevada, en octubre de 2011.

En 2012 José Díaz publicó: "Yo candidato: Propongo, prometo, me comprometo". Un libro con entrevistas a 9 presidenciables dominicanos y "El Libro de Epitafios" (ficción). En 2013 publicó: "Pupi" Legarreta, La salsa lleva su nombre". Una biografía autorizada de Félix "Pupi" Legarreta. En 2020 la pieza de teatro "Entre lápidas y mausoleos". En 2021 una biografía autorizada del músico dominicano Cuco Valoy y el libro "RETRATOS/POR-TRAITS" en el cual presenta una selección de fotos tomadas durante 40 años del ejercicio periodístico y entusiasta de la fotografía. Inició 2022 fundando el "Taller de Teatro Experimental José Díaz" en Allentown y con una edición revisada de la pieza de teatro "Entre lápidas y mausoleos" se realizó la primera lectura del grupo el día 14 de mayo de 2022 en el 1425 oeste de la calle Linden en Allentown en el Estado de Pensilvania en los Estados Unidos. En 2023 publicó la pieza de teatro "8 x 8 encuentros" cuya primera lectura dramatizada se llevó a cabo el 2 de septiembre en el teatro Touchstone ubicado en el 321 este de la calle 4 en Bethlehem, Estado de Pensilvania en los Estados Unidos. Publicó también la colección de cuentos "Muerte a ritmo de bolero y otros cuentos". El 9 de agosto de 2024, en el teatro Touchstone, se realizó la premier de la obra de teatro "El asilo" escrita por José. El 22 de agosto de 2025, en el mismo teatro, se presentó el estreno de "La última parada" pieza teatral escrita y dirigida por José. El 7 de noviembre de 2025 se realizó un "Encuentro en el teatro" en el teatro Touchstone en donde los miembros del "Taller Experimental de Teatro José Díaz" hablaron con el público sobre el trabajo que realizan, el principio, la actualidad y los planes vigentes.

En 2014 y por varios años, estudió cerámica con el maestro Renzo Faggioli en la Baum School of Art en Allentown, Pensilvania, escuela a la que todavía asiste. José además de la cerámica trabaja esculturas en madera y acero.

Su cuento "Carlitos no nos falla", un relato en lunfardo, forma parte del libro "Mano a Mano con Gardel" publicado en 2015 por la Asociación Gardelianos Sbadell Tacuarembó.

El microrrelato "El riachuelo y el citadino" fue incluido en 2015 en el libro de microrrelatos "Fuego, aire, agua, tierra" publicado por "Letras con arte" en España.

Ha escrito y dirigido varios cortometrajes que pueden verse en la plataforma Mowies y en YouTube en la página: "José Díaz. Escritor". En 2017: CORTOMETRAJE ¿CÓMO HA SIDO TU DÍA?, en 2018: CORTOME-

TRAJE SELFI.

Ha publicado además artículos en varias revistas especializadas tales como Orbe de México.

En agosto de 2022, la biografía autorizada de Cuco Valoy recibió la medalla de bronce del International Latino Book Awards celebrada en Los Ángeles, California, Estados Unidos.

El 9 de marzo de 2024 la revista "Mujer, Lehigh Valley" le otorgó el premio "Estrella visionaria" en una ceremonia celebrada en Bethlehem, Pensilvania, Estados Unidos.

El 14 de abril de 2024 su cortometraje "Selfi" fue seleccionado como el mejor en español en el Allentown Film Festival, en Allentown, PA, EUA.

El 20 de julio de 2025 recibió en Allentown, PA, EUA, un reconocimiento por ser "Orgullo colombiano y por su legado de servicio".

Amparo Cordero

Nacida en Nagua, República Dominicana. Graduada en educación y terapia familiar. Casada con tres hijos. Amante de la naturaleza y de la vida. Comprometida con proyectos educativos, culturales y comunitarios. Amparo se unió al "Taller de Teatro Experimental José Díaz" desde su inicio en 2022. Ha participado en las lecturas y montajes de "Entre lápidas y mausoleos" interpretando "La Bondad", en "8 x 8 encuentros" encarnando "La madre soltera" y la enfermera Clarisa en "El asilo". En "La última parada" su personaje es "Sacrificio" la sufrida y quejosa asistente de "Jacoba". Amparo nos acompaña en el "Encuentro en el teatro" y en 2026 será "La vendedora" en "La cárcel Bellavista", pieza que el grupo estrenará el 26 de marzo en el teatro Touchstone. Amparo disfruta la caracterización de los personajes que encarna, los cuales prepara con disciplina y cariño lo que le gana la anuencia del público.

Amparo Cordero

Ana María Hamilton

Nació en Holguín, Cuba. Estudió Bellas Artes, pintura y artes plásticas en Cuba, España y los Estados Unidos. Dedicada a la pintura. Sus obras han sido expuestas en Allentown, Filadelfia, Nueva York, Miami, Los Angeles, Barcelona y Cuba. Ama a su familia, amigos, el arte y la libertad. Ana María forma parte del "Taller Experimental de Teatro José Díaz" desde su comienzo en 2022. Ha participado en las lecturas y montajes de las piezas de José Díaz "Entre lápidas y mausoleos", interpretando "La Envidia", en "8 x 8 encuentros" encarnando "La Millonaria". En "El asilo" es "Rosalía" una de las pacientes, en "La última parada" caracteriza a "Otoño", una de las mujeres que busca ayuda en el consultorio de "Jacoba". Nos acompaña en el "Encuentro en el teatro". Ana María Hamilton, ha encontrado en el teatro una forma de expresar sus sentimientos y su vena artística que comunica abiertamente con el público.

Ana María Hamilton

Ana Milena Campo

43 años de edad, nacida en Barranquilla, Colombia. Masajista profesional, soltera, madre de 3 hijos. Ana Milena se considera carismática, sociable y divertida. Le gusta leer y bailar. Ama los atardeceres y el mar. Ana Milena participó en 2017 en el cortometraje "¿Cómo ha sido tu día?", en 2018 en el cortometraje "Selfi", ambos escritos y dirigidos por José Díaz, en 2022 en las lecturas de la pieza de José Díaz "Entre lápidas y mausoleos" interpretando "La Lujuria", papel que recuerdan con agrado quienes tuvieron la oportunidad de verla. En 2023 caracterizó a "La política" en "8 x 8 encuentros", en 2024 fue "Clarisa" en "El asilo". En 2026 regresa al teatro y tendrá a cargo el papel de "Rosita Campoalegre" una reclusa en "La cárcel Bellavista¨.

Ana Milena Campo

Chiquinquirá Morales

Nació en la isla de Mompox, (patrimonio histórico de la humanidad) a orillas del río Magdalena, en el Departamento de Bolívar, Colombia. Estudió fisioterapia en la Universidad Metropolitana de Barranquilla, Colombia. Es amante de la naturaleza, el buen humor y el teatro, por el que siente una profunda pasión y devoción. Chiqui ha participado en cuatro obras de teatro producidas por el "Taller Experimental de Teatro José Díaz". En "Entre lápidas y mausoleos" fue la "Vanidad", "La Carterista" en "8 x 8 encuentros", "Josefa" en "El asilo", y "Jacoba" en "La última parada". Chiqui nos acompaña en el "Encuentro en el teatro". Chiqui, dice haber logrado el sueño de ser actriz lo que la llena de alegría y felicidad, sentimientos que transmite claramente a los asistentes que celebran su trabajo lleno de carácter, buen humor y alegría.

Chiquinquirá Morales

Einis Dávila

Nació en Mompox, tierra de Dios. Pueblo mágico colombiano a orillas del río Magdalena que se quedó detenido en el tiempo. Estudió Enseñanza de la Lengua Inglesa en la Universidad Tecnológica de la trasnochadora, querendona y morena ciudad de Pereira. Se fue al sur, al país del tango, a estudiar una maestría en Traductología en la Universidad Nacional de Córdoba y finalmente siguió su corazón a EUA, donde es maestra de español y donde hace parte del "Taller de Teatro Experimental José Díaz". Einis es "La Payasa" en la pieza "8 x 8, encuentros", "La lujuria" en uno de los montajes de "Entre lápidas y mausoleos". En "El asilo" encarna a Mariana, la hija ocupada y millonaria que tiene un cara a cara con su madre donde muestra la verdad de sus sentimientos. En "La última parada" Einis, interpreta a "Maroma" una jugadora compulsiva. Nos acompaña en el "Encuentro en el teatro". En 2026 será "La narradora" en la pieza de teatro "Cinco" que el grupo estrenará en el otoño. En marzo de 2025, en Moravian University en Bethlehem, PA., Einis, obtuvo una maestría en Artes con concentración en educación. Einis, tiene la habilidad de moverse entre los diferentes personajes que interpreta con una inmejorable facilidad que muestra su excelente capacidad actoral que trasciende en la memoria de quienes la ven actuar.

Einis Dávila

Kathy Cruz

Nació en Santo Domingo, República Dominicana. Estudió Comunicación y Producción Audiovisual en el Muhlenberg College en Bethlehem, PA, EUA. Se desempeña como presentadora de televisión en 69 News-Edición en español y es además guionista. Kathy forma parte del "Taller de Teatro Experimental José Díaz", caracterizó a "Irene" en "El asilo" y el año entrante protagonizará a una abogada en la puesta de la pieza de teatro "La cárcel bellavista". Kathy disfruta el arte en todas sus expresiones y así lo demostró en su trabajo en "El asilo".

Kathy Cruz

Mildred Canelo

Nació en Santo Domingo, República Dominicana. Graduada en Contabilidad (UASD). Mildred se define como carismática y cooperadora. Casada y madre de dos niños. Viajar, el campo, la naturaleza y su familia son sus pasiones. Mildred "Milly" ha participado en todas las obras que ha montado el "Taller de Teatro Experimental José Díaz". En 2022 participó en "Entre lápidas y mausoleos", interpretando "La Ira", en 2023 en "8 x 8 encuentros" encarnando "La Loca", en 2024 en "El asilo" fue "Milady", la administradora del centro para envejecientes. En 2025, en "La última parada", Mildred encarnó a "Cacalota", una mujer obsesiva. Nos acompaña en "Encuentro en el teatro". En 2026 estará como una enfermera en "La cárcel Bellavista" y participará además en la obra de teatro "Cinco" que se estrenará en el otoño. Milly, es disciplinada en la preparación de sus personajes. Disfruta el teatro y se puede asegurar que es una de sus pasiones tanto así que cada rol que desempeña es un reto que vence con creces gracias a su entrega ingeniosa por los mismos. Milly está atenta a todas las facetas de un montaje, ella va mucho más allá de su propio trabajo.

Mildred Canelo

Ogilda Bueno

Nació en San José de las Matas, en la República Dominicana. Ha estado vinculada desde muy joven al teatro y a la danza. Casada, con tres hijos y cinco nietos, el más reciente nacido en 2024, los cuales llenan su vida de amor y alegría. Su pasión por el arte la motivó a unirse al "Taller de Teatro Experimental José Díaz", realizó su debut encarnando a "Elvira", una de las enfermeras en "El asilo", un trabajo que por su excelencia dejó huella en los espectadores. Ogilda ha participado también en "Entre lápidas y mausoleos" como "La envidia" y en "La última parada" donde personificó a "Malabares". Ogilda, nos acompaña en el "Encuentro en el teatro". En 2026 interpretará a un guardia en "La cárcel Bellavista" y estará también en el montaje de "Cinco", una pieza que el grupo estrenará en el otoño. Ogilda es seria en su trabajo actoral, disciplinada en la preparación de sus personajes, hábil para moverse de uno a otro sin mucha dificultad. No es exagerado afirmar que es una actriz rigurosa en su oficio.

Ogilda Bueno

Sandra Vargas

Nació el 7 de mayo de 1983 en Santo Domingo, República Dominicana. Estudió Administración de Empresas en la Universidad APEC en su tierra natal. En 2009 se mudó con sus dos hijos a los Estados Unidos. Actualmente, se encarga del área administrativa de Latina FM, una de las emisoras hispanohablantes más importantes del noroeste de Pensilvania, en la que además es co anfitriona de un programa radial que se transmite por las tardes en dicha estación de radio. Sandra se unió al grupo en 2023 y ha participado en los montajes y lecturas de "8 x 8 encuentros" donde interpretó a "La inmigrante", en "Entre lápidas y mausoleos" personificó a "La gula", en "La última parada" fue "Curda" una alcohólica. Nos acompaña en "Encuentro en el teatro". En 2026 será una guardia en "La cárcel Bellavista", una pieza que el grupo estrenara el 27 de marzo en el teatro Touchstone. Sandra se mueve bien entre sus personajes pero hay papeles de papeles, su interpretación de "Curda" en "La última parada", dejó una impresión indeleble entre quienes la vieron convertirse en una borracha que entiende la vida mejor que mucha gente que mira de reojo a los alcohólicos.

Sandra Vargas

Sonia Hernández

Ingeniera Industrial de la Universidad Central de Colombia, su tierra natal. Terminó una maestría en innovación y ahora cursa otra maestría en negocios (MBA) en la Universidad West Cliff. Le encantan los animales y aprender de todo. Accidentalmente encontró el teatro, en una ocasión visitó a Chiquinquirá Morales, miembro de nuestro grupo, quien la invitó. "Fui y me encantó el grupo, la energía. Me sentí bien recibida y aquí estoy. Debuté como "Intelecto" en "La última parada", espero seguir por mucho tiempo", afirma. Sonia nos acompaña en el "Encuentro en el teatro", en 2026 interpretará a "Malatranca" una de las confinadas de "La cárcel Bellavista" pieza de teatro escrita por José Díaz, que el grupo estrenará el 27 de marzo en el teatro Touchstone ubicado en el 321 este de la calle 4 en Bethlehem, PA., EUA. Sonia ha conectado con el teatro, como si lo hubiera hecho desde hace mucho tiempo, es natural, alegre y atrevida, trabaja sus personajes sin miedo y va hasta el límite.

Sonia Hernández

Vianesa Tatis

Vianesa nació en Santo Domingo, República Dominicana. Criada en la ciudad de Nueva York. Estudió administración de empresas con una concentración en pequeñas empresas y mercadeo. Mientras vivía en Nueva York, disfrutó mucho de su cultura dinámica, le encantaba ver las obras de teatro en Broadway, los museos, y disfrutar la comida de varios países sin tener que visitarlos.

Afirma Vianesa que su desahogo es escribir, escribir poesías, escribir sus pensamientos, dice que escribir es su propia terapia.

Vianesa manifiesta que tenia mucho interés en el teatro porque veía como cada personaje se desenvolvía y admiraba mucho como lo hacían sin miedo al estar delante del público. A través de su hermano Néstor y de su amiga Ogilda Bueno, que es miembro del grupo de teatro, conversó con el director de teatro, José Díaz y ahora hace parte del grupo. Vianesa nos acompaña en el "Encuentro en el teatro" y en 2026 hará su debut como actriz en "La cárcel Bellavista" donde encarnará a la directora del penal.

Vianesa Tatis

Los preparativos

ENCUENTRO EN EL TEATRO

**VIERNES 7 DE NOVIEMBRE DE 2025 A LAS 7 PM
EN EL TEATRO TOUCHSTONE
321 E CALLE 4 EN BETHLEHEM, PA**

Acompáñenos a conversar sobre el
"TALLER DE TEATRO EXPRIMENTAL JOSE DIAZ"
Lo que hemos hecho y lo que haremos.
Será un espacio para dialogar, conocernos,
compartir y pasar un buen rato.
Entrada gratis, reserve llamando al 570.657.6812.

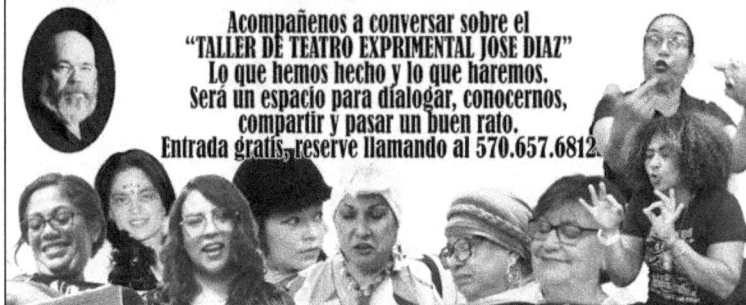

ENCUENTRO EN EL TEATRO
VIERNES 7 DE NOVIEMBRE DE 2025 A LAS 7 PM
EN EL TEATRO TOUCHSTONE
321 E CALLE 4 EN BETHLEHEM, PA

Acompáñenos a conversar sobre el
"TALLER DE TEATRO EXPRIMENTAL JOSE DIAZ"
Lo que hemos hecho y lo que haremos.
Será un espacio para dialogar, conocernos,
compartir y pasar un buen rato.
Entrada gratis, reserve llamando al 570.657.6812

ENCUENTRO EN EL TEATRO

**VIERNES 7 DE NOVIEMBRE DE 2025 A LAS 7 PM
EN EL TEATRO TOUCHSTONE
321 E CALLE 4 EN BETHLEHEM, PA**

Acompáñenos a conversar sobre el
"TALLER DE TEATRO EXPRIMENTAL JOSE DIAZ"
Lo que hemos hecho y lo que haremos.
Será un espacio para dialogar, conocernos,
compartir y pasar un buen rato.
Entrada gratis, reserve llamando al 570.657.6812
Sólo mayores de 18 años.

De izquierda a derecha: Vianesa Tatis, Ana Milena Campo, Sonia Hernández, Ana María Hamilton, Ogilda Bueno, Amparo Cordero, Sandra Vargas, Chiqui Morales, Mildred Canelo y Einis Dávila. (22 de octubre de 2025).

Celebramos el cumpleaños de Ana Milena Campo. (22 de octubre de 2025).

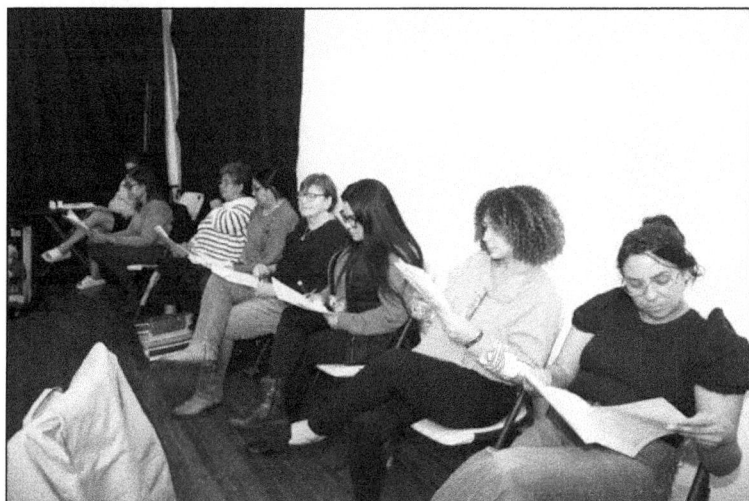

El grupo preparando el trabajo. (22 de octubre de 2025).

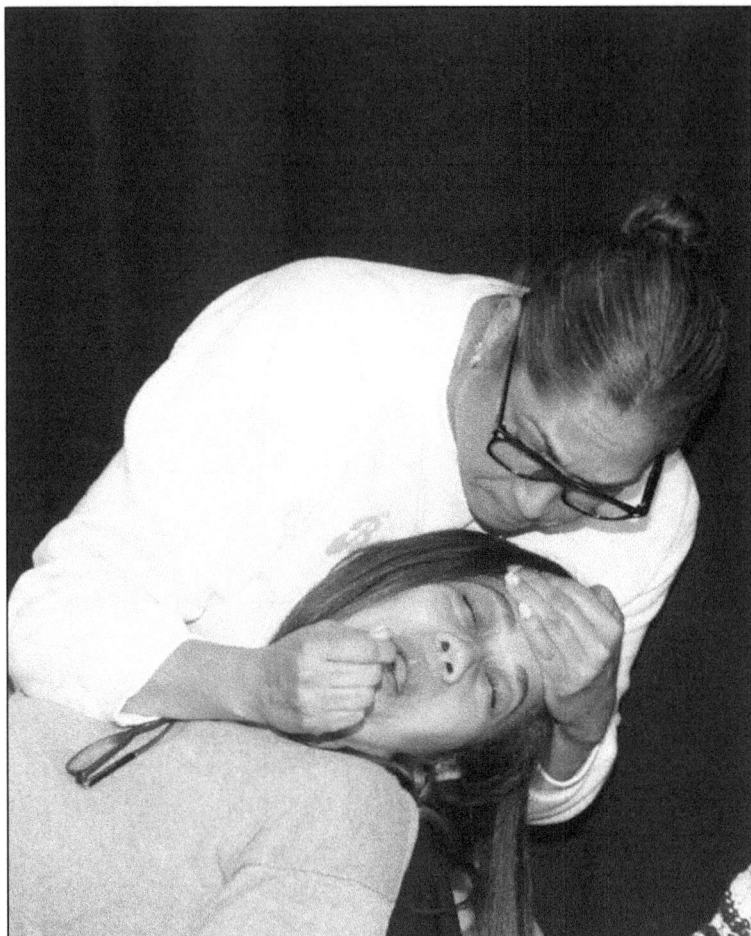

Ogilda Bueno (de pie) y Sandra Vargas, trabajando en una escena de "El asilo" (22 de octubre de 2025)

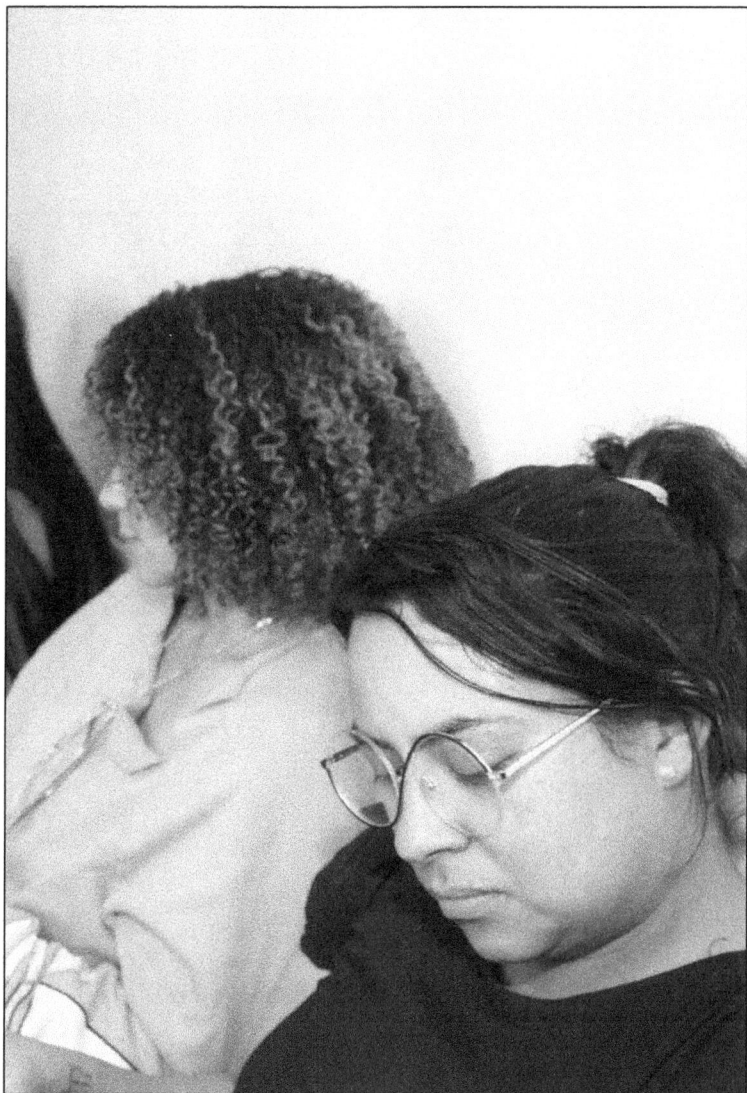

Milly Canelo (Izquierda) y Sonia Hernández. (22 de octubre de 2025)

Ana María Hamilton (22 de octubre de 2025)

De izquierda a derecha: Sonia Hernández, Ogilda Bueno, Ana María Hamilton, Chiqui Morales, Sandra Vargas, Ana Milena Campo, Vianesa Tatis, Amparo Cordero y Mildred Canelo. (22 de octubre de 2025)

Quien lo vive es quien lo goza (22 de octubre de 2025)

Vianesa Tatis (22 de octubre de 2025)

De izquierda a derecha: Chiqui Morales, Amparo Cordero, Ana María Hamilton y Ana Milena Campo. (29 de octubre de 2025)

Mildred Canelo (izquierda) y Sonia Hernández. (29 de octubre de 2025)

El grupo organizando el trabajo. (29 de octubre de 2025).

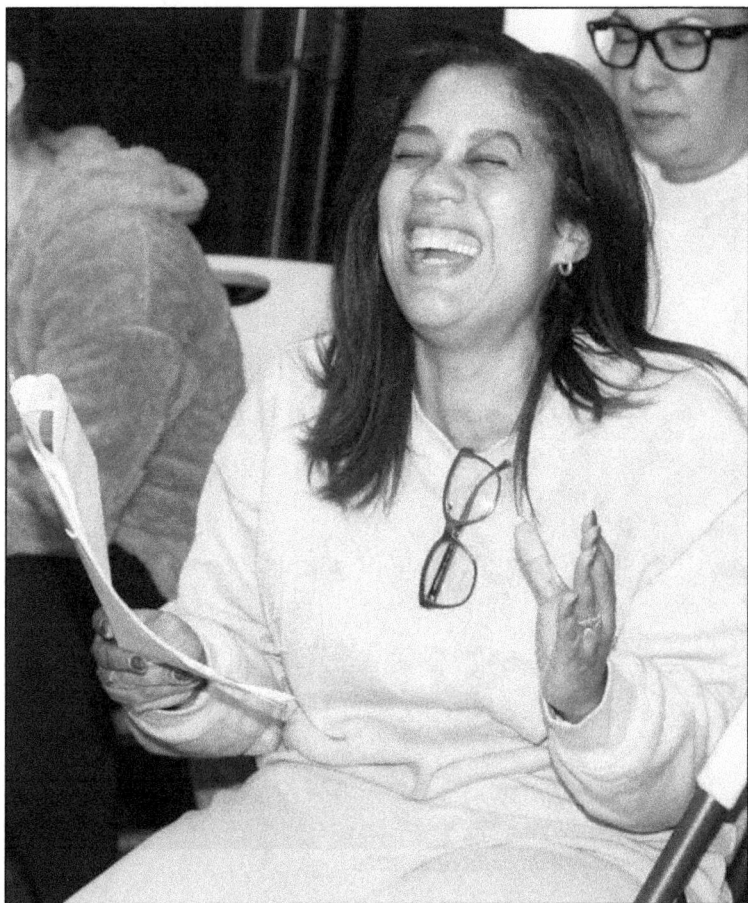

Sandra Vargas (Primer plano). (29 de octubre de 2025)

Mildred Canelo. (29 de octubre de 2025

Einis Dávila. (29 de octubre de 2025)

Chiqui Morales. (29 de octubre de 2025)

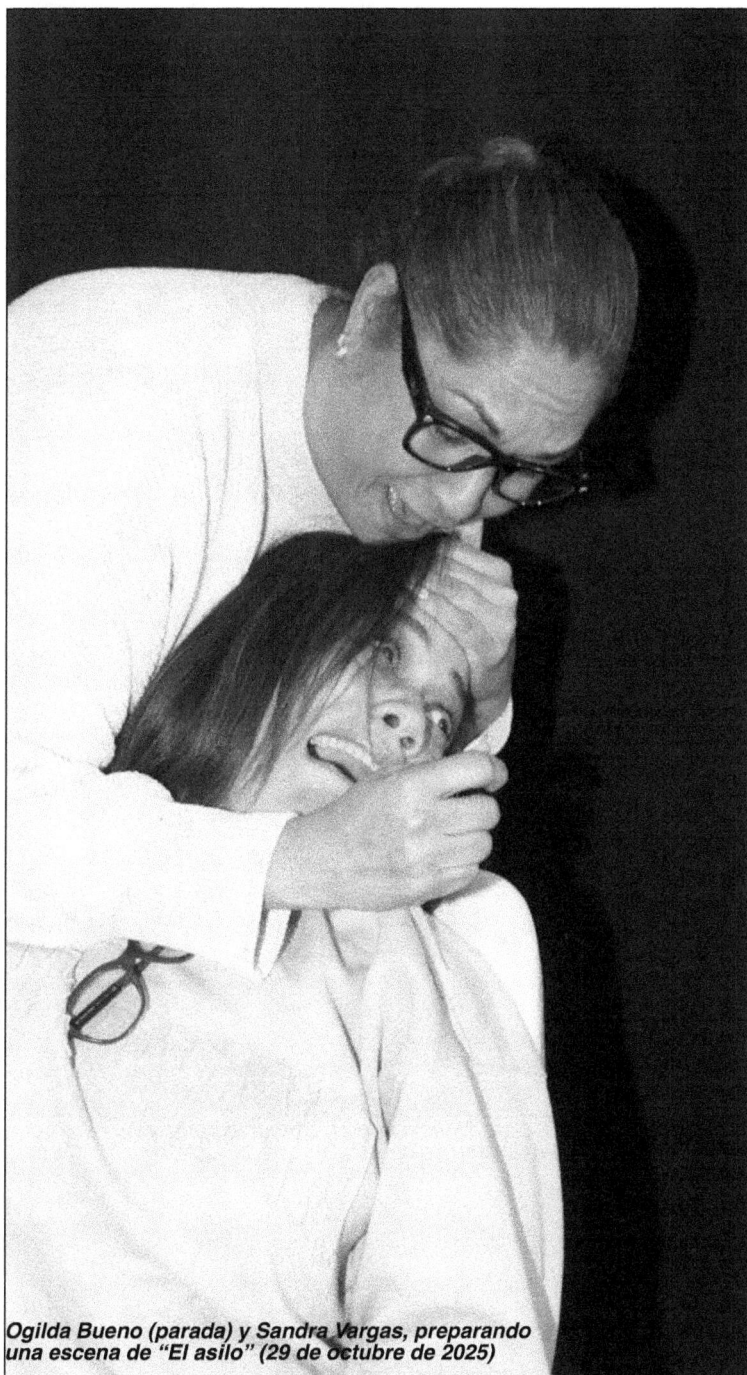

*Ogilda Bueno (parada) y Sandra Vargas, preparando
una escena de "El asilo" (29 de octubre de 2025)*

De izq a der: Ogilda Bueno,Sandra Vargas, Chiqui Morales y Amparo Cordero. (29 de octubre de 2025)

De izquierda a derecha: Sonia Hernández, Einis Dávila y Mildred Canelo.
(5 de noviembre de 2025)

De izquierda a derecha: Sonia Hernández, Einis Dávila y Mildred Canelo. (5 de noviembre de 2025)

De izquierda a derecha: Sonia Hernández, Einis Dávila y Mildred Canelo. (5 de noviembre de 2025)

De izquierda a derecha en la fila de atrás: Sonia Hernández, Ogilda Bueno, Mildred Canelo y Vianesa Tatis. Al frente en el mismo orden: Chiquinquirá Morales, Einis Dávila, Amparo Cordero, Sandra Vargas y Ana María Hamilton. (5 de noviembre de 2025)

Encuentro en el teatro

Teatro Touchstone
321 E de la calle 4
Bethlehem, PA EUA 18015
Estados Unidos

7 de noviembre de 2025

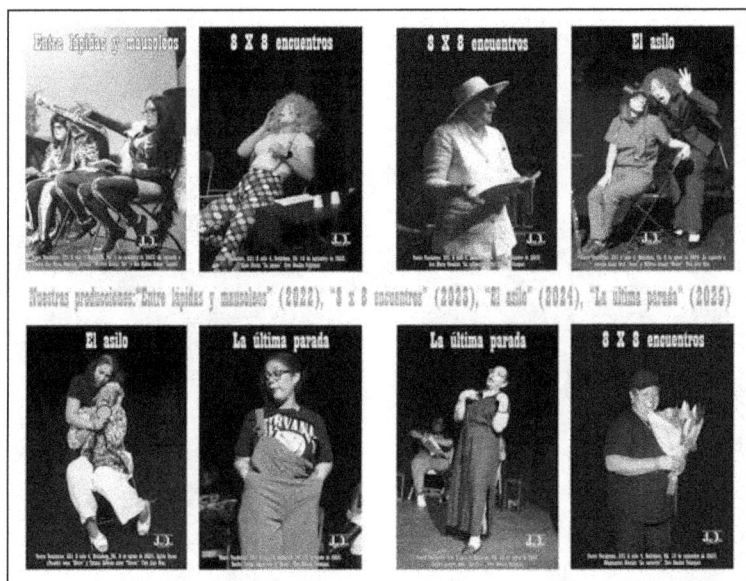

Nuestras producciones:"Entre lápidas y mausoleos" (2022), "8 x 8 encuentros" (2023), "El asilo" (2024), "La última parada" (2025)

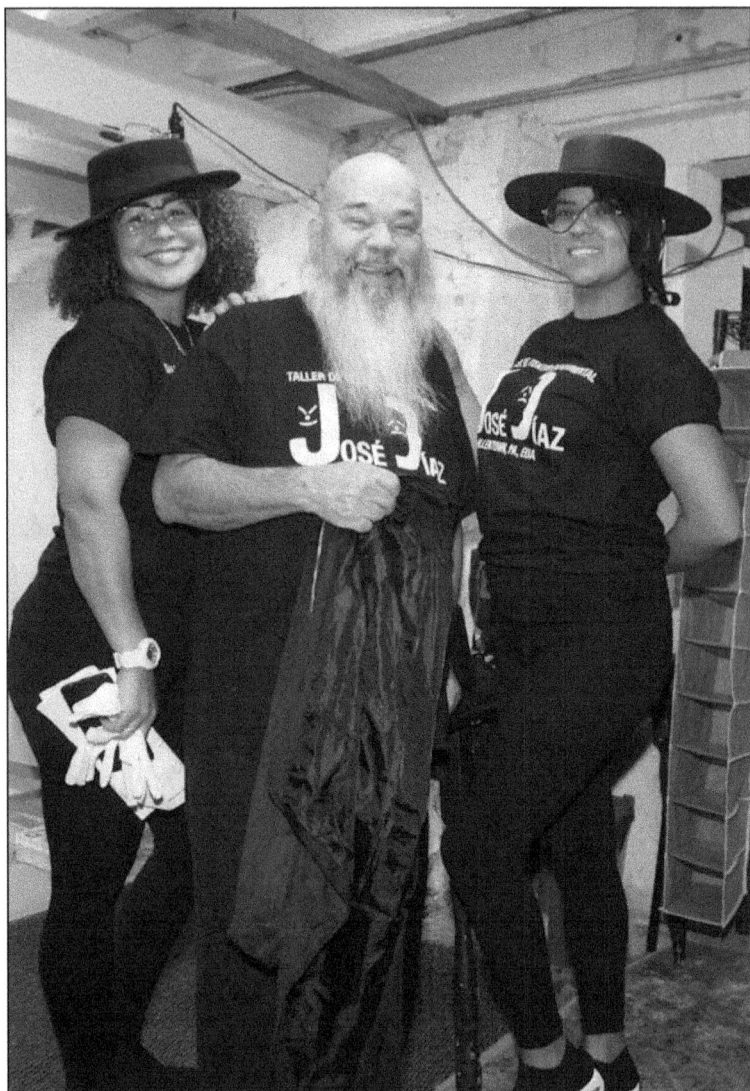

De izquierda a derecha: Mildred Canelo, José Díaz y Sonia Hernández.

Einis Dávila maquillándose.

Ogilda Bueno, lista.

Chiquinquirá Morales, siempre alegre.

Vianesa Tatis, una meditada antes de subir al escenario.

*Al frente Sandra Vargas, atrás a la izquierda: Amparo Codero, Sonia Her-
nández a la derecha, dando los últimos toques.*

Al frente, de izquierda a derecha: Chiqui Morales, Einis Dávila, Amparo Cordero, Sandra Vargas y Ana María Hamilton, atrás, en el mismo orden: Sonia Hernández, Ogilda Bueno, Mildred Canelo y Vianesa Tatis.

José Díaz

Buenas noches, gracias por aceptar la invitación a este encuentro, un encuentro no muy común. Aquí estamos. Gracias. ¿Cómo comenzamos esto? Llegada la pandemia del Covid 19, había escrito varias piezas de teatro y se me ocurrió montar una que se llama "Entre lápidas y mausoleos" que es un encuentro de los siete pecados capitales de la iglesia católica, en un cementerio donde también aparece "La bondad". Llamé a Ana Milena Campo, quien había trabajado conmigo en un par de cortometrajes que había realizado aquí en Allentown, contactamos otras personas, invitamos a algunas amigas y estas llegaron con otras y así trabajamos hasta tener el grupo pata comenzar los ensayos a comienzo del año 2022. Nosotros no teníamos ni el tiempo ni el espacio para desarrollar un teatro con todas las de la ley así que decidimos comenzar a trabajar bajo la premisa de hacer un esfuerzo que nos permitiera realizar un trabajo que nos diera felicidad, que impulsara la expresión artística y que nos concediera la oportunidad de comunicarnos efectivamente con los que vieran nuestro trabajo. Existen muchas teorías y métodos en el teatro. El método de Konstantín Stanislavski, el del teatro pobre de Jerzy Grotowski, el de la crueldad de Antonin Artaud, para nombrar algunos europeos hasta llegar al teatro del oprimido del brasilero Augusto Boal y muchos más que pasan por mi cabeza incluyendo a los maestros Santiago García y Enrique Buenaventura, del teatro La Candelaria en Bogotá y el TEC en Cali respectivamente. Nosotros, por las circunstancias y características de lo que comenzábamos, decidimos establecer nuestro propio método. Un metodo que académicamente fuera lo suficientemente amplio y manejable que no nos demandara mucho tiempo porque solo nos reuníamos y nos reunimos una vez a la semana. Decidimos entonces que haríamos todo lo necesario para que nuestro invento nos diera felicidad y autorrealización. Conversamos habitualmente sobre las diferentes técnicas de teatro y realizamos con la ayuda de profesionales loca-

les clases y talleres de voz, maquillaje, movimiento del cuerpo y expresión corporal. Mi esposa, que está tomando las fotos de esta reunión y yo, tuvimos la oportunidad a comienzos de la década de los 80 en La Gran Manzana, en el Teatro La Mama, de ver el trabajo del teatro "Cricot 2" o "El teatro de la Muerte" fundado por Tadeusz Kantor, que fue pintor, escenógrafo, autor y director teatral. Teatro polaco. Por circunstancias particulares, Kantor, organiza un grupo de teatro con gentes sin preparación académica teatral y sin experiencia teatral. Pero estudiosos y disciplinados que llegan a fortalecer y mantener vivo el teatro. Kantor murió en 1990. Su trabajo fue aplaudido en todo el mundo. Entonces teníamos un guia, una luz que nos brindaba su experiencia y sabiduría. Nuestro grupo continuó trabajando con la firme idea de que lo colectivo siempre estaría por encima de lo individual. Que las decisiones las tomaríamos entre todos, así hemos ido haciendo el camino. En la casa de la calle Linden en Allentown, donde nos reunimos e iniciamos las presentaciones y lecturas, programamos una de "Entre lápidas y mausoleos", Olga Negrón, me sugirió que invitáramos a la gente del teatro

Touchstone de Bethlehem, Christopher Shorr asistió en representación de ese teatro esa noche y con la ayuda de Bruce Fritzinger, un compañero de la escuela de cerámica a la que asisto, pudo entender la obra que Bruce le tradujo. Al terminar la obra, esa noche, en la que debo anotar que fui contagiado de Covid 19, me dijo; "Hagamos esta pieza en el teatro, me ha gustado", desde esa noche, cada año, hacemos una presentación de las obras que tengamos en cartelera, una en primavera y una en el otoño en el teatro Touchstone. Nosotros estamos leyendo o montando dos piezas nuevas por año. "8 x 8 encuentros" fue la segunda pieza que subimos aquí en el Touchstone. Un encuentro fortuito donde una carterista, una payasa, una madre soltera, una millonaria, una inmigrante, una puta una a loca y una política, comparten las historias y anécdotas de su vidas antes el reproche, la sorpresa, la aprobación o el rechazo de alguna o algunas. Después siguió "El asilo", un centro para ancianas millonarias, donde sobra de todo, incluyendo la tristeza, las enfermedades, el dolor, la desesperanza y la tortura. Los diálogos son intensos y sin tapujos, fuertes, a veces demasiado fuertes y claros. Verdades que hieren, pero que se dicen. Por circunstancias de la vida aprendí que en muchos casos, en verdad, "El día de la madre" es el día de los malos hijos. "El asilo" definitivamente, le llegó profundamente a quienes la vieron. Siguió "La última parada" que ocurre en un consultorio manejado por "Jacoba", una señora que muchos creen es bruja, pero que realmente es una persona con un sentido de la lógica y de las relaciones humanas intensas. Jacoba tiene dos asistentes: Sacrificio y Malabares que tienen su propio rollo entre ellas. Jacoba es sincera y clara, a veces demasiado directa. Sorprende con sus análisis y la forma en que se dirige a sus clientas que son "Cacalota', una mujer obsesionada con lo que no ha ocurrido, una alcohólica llamada"Curda", una mujer venida a menos que se llama "Otoño", una fetichista que es "Intelecto" y

una jugadora empedernida que es "Maroma". Ahora este encuentro en el que estamos esta noche. La gente nos acompaña, casi siempre llenamos el teatro y el público, que no se engaña, lo dice todo con sus aplausos y las expresiones favorables sobre nuestro trabajo. Decidimos entonces hacer unas giras y después de terminar aquí vamos a Reading, Lancaster y Filadelfia.

Nuestro grupo, comenzó como ya dije, en 2022. Amparo Cordero es dominicana, cuando empecé a formar el grupo, le envié un texto invitándola a unirse al mismo. Nos conocíamos porque yo visitaba una oficina donde ella trabajaba. La escuchaba mencionar actividades dentro de la comunidad pero realmente nunca entablamos una conversación más allá del saludo y lo poco que uno habla cuando visita una oficina por razones d trabajo. Aceptó y aquí está desde entonces. Ah, debo aclarar que Amparo es la primera persona del grupo en aprenderse sus líneas. A Ana Hamilton la conozco por razón de las artes plásticas. Ella es pintora. La invité, me manifesto que no tenía experiencia teatral pero que le gustaría tratar. Llegó y aquí está desde el primer día. Ana Milena Campo, que no está aquí por una emergencia se unió al grupo desde el primer día. Ella había estado conmigo en dos cortometrajes que hicimos en Allentown. Chiquinquirá Morales, "Chiqui" llegó después de leer un anuncio que había puesto en el periódico "Panorama Latin News" en el que solicitaba actrices o mujeres a las que les gustara el teatro, que la experiencia no era necesaria pero si leer y hablar bien el español. Nosotros, mi esposa Danilza y yo, durante mucho tiempo, hemos desarrollado una actividad bajo el nombre de "Panorama Cultural" en la casa de la calle Linden. Acabábamos de realizar un concierto de Jazz al que fue "Chiqui". Ella me llamó y me dijo quién era. Me preguntó si para lo del teatro había algún limite de edad y experiencia requerida. Le dije que solo lo de leer y hablar bien español. "Voy a ir con mi sobrina" y llegó con Einis Dávila. Después me confesó que la idea era llegar las dos porque si no quedaba una, quedaba la otra, pero aquí están ambas "Chiqui" es dueña de una personalidad afable y alegre. Einis Dávila es profesora, en marzo va a ser mamá. Ya sabemos que su niña se llamará Margaret. En el teatro uno conoce actores y actrices y las va encajonando en los trabajamos que mejor hacen. "Este o esta es el malo o la mala, el que siempre hace de villano". En el caso de Einis, puedo decir que se mueve con una facilidad admirable de personaje en personaje. Con el grupo ha realizado cuatro personajes totalmente diferentes y los ha hecho maravillosamente bien. Yo las quiero a todas pero Einis tiene un lugar muy especial. (Las compañeras del grupo comentan entre dientes y se rien). Kathy Cruz, a quienes ustedes conocen por su trabajo en el Canal 69 de televisión forma parte del grupo. No está aquí esta noche por compromisos de su trabajo. Milly Canelo, iba siempre el "Panorama Cultural", llegó una noche en la que habíamos cancelado un evento por el mal tiempo pero estebamos ensayando teatro. Se quedó un rato y le preguntamos que si le gustaría leer una partecita, lo cual hizo muy bien. La invitamos a unirse al grupo. Dijo que le gustaría tratar pero que antes tendría que consultarlo con su esposo, sus hijos y la

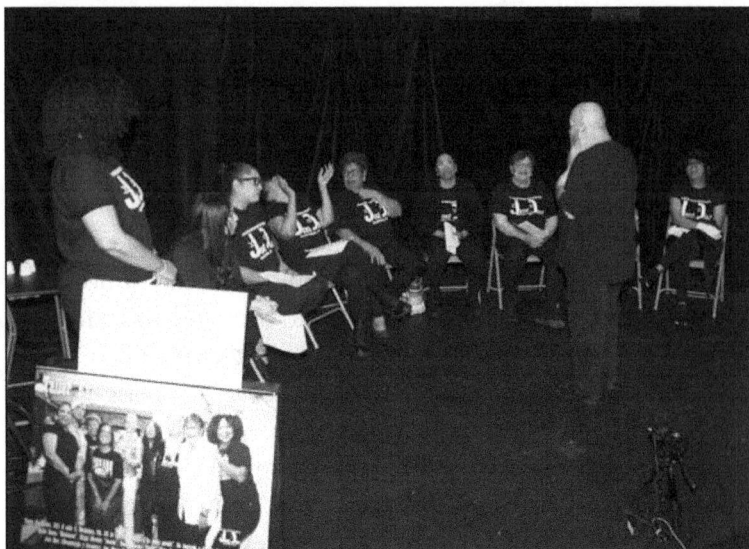

almohada. Al cabo de dos semanas me llamó y me pregunto ¿Cuándo es el próximo ensayo? Le dije que el miércoles siguiente. "Voy para allá" y desde ese momento aquí está, cono nosotros y con la habilidad que no solamente hace su trabajo actoral sino que está pendiente hasta del más mínimo detalle de lo que pasa. Yo le digo a Milly que en alguna vida pasada debió haber sido una actriz griega o romana, porque le gusta y entiende muy bien el teatro. Ogilda Bueno, dominicana también como Milly y Kathy. Ana Hamilton es cubana, Einis, "Chiqui" y Ana Milena son colombianas. Ogilda Bueno es una actriz de carácter. Ella estudió teatro y danza en su natal San José de las Matas. Ella se transforma fácil y rápidamente. Ustedes la van a ver más tardecito. La transformación de Ogilda, de ella a su personaje, es fascinante pues el trance no se deja sentir. Ogilda tiene una profunda conexión con el teatro, le gusta, lo entiende y lo disfruta. Pero no todo es color de rosas, también me ha tocado rogar. Sandra Vargas, directora de una emisora latina del área y yo tenemos una relación profesional de hace varios años, ella en la radio y yo en el periódico. Yo visitaba su emisora, le decía "¿Sandra a ti no te gusta el teatro?" Tu tienes muy buena voz y creo que lo harías muy bien, Siempre me decía que no. Yo le insistía. "¿Sabe por que le digo que no? Porque si me comprometo, me comprometo". Un día necesitábamos una actriz. Fui a la emisora y le dije: "Vengo a no rogar más, necesitamos una actriz y esa eres tu". "Bueno, voy a ir" me dijo y aquí está. Y ha demostrado lo que yo sabía que ella tenía. Una excelente capacidad de interpretar sus personajes. Con "Curda" la borracha que va donde "Jacoba" enamoró al público. Ustedes la van a ver en pocos minutos. Sonia Hernández es una ingeniera colombiana. La llegada de ella al grupo es de antología. "Chiqui" tiene un negocio de vender colchones. ("Colombian Matress" dice Chiqui). Sonia va en busca de un colchón, está en luna de miel. Imagínense, recién enamorada en busca de un colchón nuevo y "Chiqui la ve y le dice "Olvídese de la luna de miel. ¿Usted no ha hecho teatro nunca?". Organizamos un desayuno al que Sonia asistió y desde ese día está con nosotros. Ella hizo el papel de la mujer fetichista a la que le gustan los tacones rojos. Siempre tenemos una persona que hace el trabajo de "Bululú" que es la actriz que conoce todos los papeles en caso de que falte alguna. Siempre estamos buscando una. Nosotros tenemos un buen amigo, que como dice el poeta Antonio Machado: "Es bueno en el sentido de la palabra bueno", ese es Néstor Tatis. El le dijo a su hermana "Trata de entrar al grupo de teatro de José". Sandra Vargas había hecho un evento con una sexóloga dominicana al que Vianesa Tatis asistió, allí en medio de la conferencia hablo con Ogilda y aquí está esta noche con nosotros y nos va a ayudar un poco. Muy seguramente el año entrante hará su debut en el grupo.

En febrero de 2026 iniciaremos nuestro quinto año y estrenaremos dos piezas. Una "La cárcel Bellavista" el 26 y 27 de marzo aquí en el Touchstone y la otra "Cinco' en el otoño. En todas estas piezas trabaja todo el elenco. Los roles principales se van rotando. Todos trabajamos con igualdad y espacios compartidos. Leemos una pieza y elaboramos un casting que se ajuste a la personalidad de cada una. Hacemos critica que compartimos abiertamente y realizamos de común acuerdo los cambios que haya que hacer si hay que hacerlos. Si no logramos un consenso en algún tópico en el que haya que tomar una decisión entonces optamos por votar y lo hacemos abiertamente y sin secretos y lo importante es que ninguno se ofende por la decisión tomada, es una decisión del grupo.

Con gran satisfacción puedo afirmar que todavía no hemos tenido un desacuerdo que amenace la existencia de este equipo solidario, alegre, amistoso, cordial y bueno.

A continuación las compañeras van a hablar sobre las diferentes experiencias en el teatro y en el grupo. Lo que cada una va a decir no se ha ensayado ni se conoce. Hemos preparado las partes en que presentamos segmentos de las piezas pero lo que cada una diga lo vamos a conocer todos a continuación, Vamos a comenzar con Sonia Hernández.

Gracias nuevamente por haber venido a este encuentro en el teatro.

Sonia Hernández

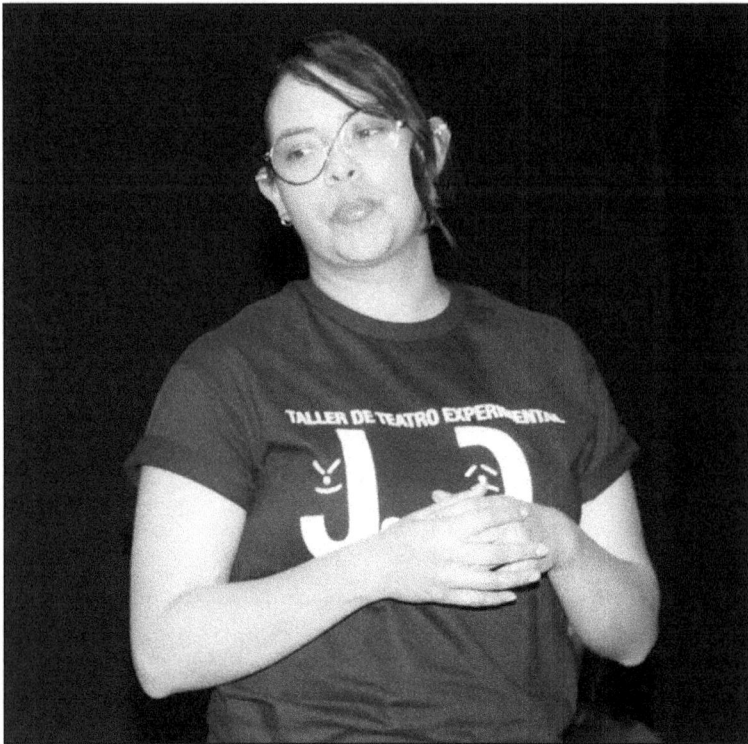

Tengo la fortuna de haber podido ingresar en este grupo a inicios de este año. Esto fue posible gracias a "Chiqui" que me invitó y no puedo estar más agradecida por ello. Cuando llegué estaba un poco nerviosa porque no sabía bien con quién o con qué me encontraría, uno podría pensar que este tipo de grupos no son estables, que puede ser gente complicada o rara, pero fue muy bonito darme cuenta desde el primer momento que la amabilidad, el apoyo mutuo, la camaradería, el respeto por lo individual, el arte, el amor al teatro, a la comunidad, a la cultura y el compromiso de todos quienes hacemos parte del grupo lo que hace que este proyecto lleve 5 años.

Fue bien interesante para mi ver las particularidades de cada una de las actrices, todas han tenido diferentes experiencias de vida, formas de pensar, de actuar -No desde el arte sino en su personalidad- diferente tipo de humor, hay diferentes edades y por ende etapas de la vida, es muy difícil encasillar o clasificar a las integrantes, no es como uno usualmente ve, que hay grupos más fuertes que otros sino que todas sabemos que compartimos un objetivo en común y que nos une el amor al arte.

Esa diversidad que caracteriza al grupo, es lo que permite que haya riqueza creativa, no solo desde el momento en el que el director escribe para las futuras obras, sino en la misma construcción de los personajes y de los momentos, creo profundamente que la diversidad, lo diferente, lo opuesto, los colores, los humores es lo que permiten que haya tanto material para plasmar en las obras.

Todo esto funciona como inspiración para el director, usualmente él trabaja en las obras que vamos a presentar al menos con un año de anticipación, el tiene en cuenta situaciones de actualidad, por ejemplo hay obras en las que se habla del Covid y el aislamiento, también toca temas sobre la doble moral de algunos sacerdotes, situaciones carcelarias, pero también usa los temas universales que han sido fuente de inspiración inagotable para el arte a través del tiempo, como la muerte, la lujuria, la bondad, el amor, la codicia, la tortura, la envidia, la gula, la ira, los vicios, las obsesiones, la sabiduría, la justicia y las injusticias, en conclusión, lo que nos hace humanos.

Teniendo esa fuente de inspiración o esa situación en la que quiere trabajar, el director empieza ese maravilloso proceso creativo en el que le da vida a los personajes, imaginándolos algunas veces desde la actriz que lo puede personificar, algunas otras desde lo que quiera representar, es por eso que hay algunos personajes que deben ser elegidos, porque no hay una personalidad clara en las actrices de quién podría interpretarlo, aun así lo crea y empieza con la escritura del guión, trabaja en él y cuando ya tiene

un poco de cuerpo, en las sesiones semanales que tenemos, nos va contando partes de su creación, nos va diciendo la idea principal, su inspiración, una situación jocosa o escena que va a aparecer en la obra y nosotras ya vamos dimensionando a que nos vamos a enfrentar.

Cuando ya tiene el primer documento en el que el se siente satisfecho, nos reunimos en un lugar tranquilo y hacemos la primer lectura del guión, allí nos asigna el personaje que vamos a interpretar. Para el personaje que todavía no está claro quién lo va interpretar, se hace una especie de audición y entre todos y todas escogemos quien va a interpretar el personaje; en ese mismo espacio cada una expresa cómo le parece la obra, qué le hace sentir, qué expectativas tiene con ella, si tiene algún aporte para ajustar la pieza, se hablan sobre las fechas tentativas de presentación y a lo que nos vamos a enfrentar.

Es bien interesante que el director nos permite hacer aportes, claramente la esencia, el guión y la estructura de la obra se mantienen, no obstante nos permite dar ideas desde lo creativo a los personajes, el escenario, situaciones, interpretaciones, todo lo que esté dentro del marco de la coherencia de la obra. Todo es consensuado por todo el grupo, el dice que somos una democracia y es bien chévere ser partícipe de eso, se generan debates bien interesantes, que permiten hacer que las obras salgan como salen.

Después de ello, nos empezamos a reunir semanalmente en donde construimos dos etapas: en la primera el foco es la lectura del guión, entender los momentos de la obra, tomar consciencia de cómo se desarrolla y trabajar en el todo desde una visión general, después, ya se trabaja en el performance, en el personaje de cada una, ya hay un progreso en el aprendizaje del libreto y se empieza a trabajar en el personaje, en la actuación y en la interacción de los personajes, en el vestuario y escenografía, al mismo tiempo cada una trabaja individualmente en aprenderse sus líneas y la expresión corporal.

Todo esto ocurre mientras algunos de los integrantes del grupo tomamos vino, el cual también nos sirve antes de las presentaciones para apaciguar los nervios, y entonces finalmente llega ese día, ese primer día que llevamos preparando al menos 6 meses como grupo y casi un año desde que emerge de la imaginación del director, llegamos con bastante anticipación al teatro, comemos algo en grupo, hablamos de muchas cosas, algunas practican sus líneas, nos cambiamos, nos maquillamos, preparamos el escenario, nos presentamos y compartimos con ustedes que nos hacen sentir que todo ese tiempo vale la pena, que el arte no se muere a pesar que parezca que está padeciendo, que hacen que ese tiempo que dedicamos semanalmente vale la pena y les llevamos un mensaje de reflexión a sus vidas.

Todas las obras tienen un mensaje y una reflexión, a quienes nos gusta el teatro y el arte sabemos que cada que interactuamos con una obra, hay algo que cambia en nosotros, un trasfondo que nos hace reflexionar y nos hace di-

ferentes, tengo la certeza que José lo que busca en su sabiduría es llevarnos a ser mejores personas y ser más críticos con la sociedad en la que vivimos, con las personas con las que compartimos, de disfrutar la vida, de ser felices con lo que tenemos.

Todas en este grupo creemos profundamente en este proyecto, porque es voluntario, porque nos divertimos, porque compartimos con mujeres maravillosas, porque José tiene el don de coordinar muchas mujeres, porque convoca al arte, porque es como esos médicos fabulosos a los que uno consulta cuando sabe que solo él puede curar esta dolencia porque ningún otro médico ha encontrado el pronóstico, José es como el médico del teatro en la comunidad hispana en Pensilvania y nosotras somos sus enfermeras que luchamos por ustedes, los espectadores, nuestros pacientes del teatro que hacen que esto no muera y que por el contrario el pronóstico muestra que cada vez mejora.

Gracias por asistir, gracias por venir, ahora cuéntenle a sus amigos, a sus familiares, hagamos esto más grande, compartamos la cultura, el teatro y las artes. (*Mutis*)

(*Todas las mujeres aplauden efusivamente. Pausa. 3 golpes al triángulo*)

Mildred Canelo

En una ocasión llegué al "Panorama Cultural" a disfrutar de una actividad que habían anunciado, no me enteré que la habían cancelado y me aparecí en el lugar. Allí estaban José y parte de las chicas del grupo de teatro. Estando en la sala del lugar y después de conversar un poco me invitan a leer una parte de un guión de la obra "Entre Lapidas y Mausoleos". Leí con naturalidad sin presentir lo que seguía, pensé que se trataba de hacer algo ya que estábamos allí. Les gusto como leí y José me dijo que una de las actrices del grupo se marchaba y que si yo había pensado alguna vez en formar parte de un elenco teatral. Le dije que no me parecía mala la idea pero que tenía que conversarlo primero con mi esposo y mi almohada y que le dejaría

saber en dos semanas, al cabo de quince días lo llame y le dije "estoy lista para el próximo ensayo" me uní a pocos días del grupo haberse formado y aquí estoy feliz de haber dado este paso. Para no alargar mi historia les diré que el teatro y yo nos llevamos bien. Agradecida de pertenecer a este fabuloso grupo, donde sin presiones todo trabaja con disciplina y armonía. He descubierto un lugar de encuentro y creatividad, de tolerancia, respeto y crecimiento. Definitivamente este es un proyecto maravilloso. Les puedo decir brevemente sobre la obra "El asilo", donde participé como Milady, la directora del asilo que es un centro geriátrico donde se encuentran tres ancianas millonarias que han sido recluidas por sus familiares y en el cual sus vidas están llegando a su fin. Una de ellas enferma de Alzheimer la cual no puede valerse por sí misma, las otras dos se enfrentan cada día a la soledad, las enfermedades, la tristeza y el abandono. Esperan con tristeza y poca esperanza la llamada o la visita de un hijo o una hija en medio del cuidado y la agresividad de quienes las tienen a su cargo dentro de una política administrativa rígida que provee los servicios contratados, pero que tiene muy claro que el asilo, ante todo, es un negocio muy lucrativo.

MARIANA (Einis Davila):   ¡Mamá!

JOSEFA (Chiqui Morales):   ¡Mamá no!

MARIANA: Recapacita.

JOSEFA: Ya lo dijo Gibran.

MARIANA: ¿Qué?

JOSEFA: El olvido.

JOSE DIAZ: (Toca la matraca. Pausa. 3 golpes al triángulo)

Ana Milena Campo

Ana Milena Campo envió un comunicado que lee la compañera Vianesa Tatis (Fotos en esta parte).

Hola buenas noches mi nombre es Ana Campo, he venido trabajando con José desde hace algunos años.

Hoy les quiero compartir un poco de la obra "Entre lápidas y mausoleos" la cual se desarrolla en un cementerio, donde los siete pecados capitales son representados como catrinas que a través de diálogos intensos y provocadores, defienden su existencia como parte inherente de la naturaleza humana. Sin embargo, Lujuria, el personaje que yo encarné (Gemido), se destaca como el carácter más rebelde y reflexivo.

A diferencia de los otros pecados, Lujuria no acepta ser etiquetada como tal. Se presenta con orgullo, elegancia y seguridad, afirmando que el deseo y el placer no son pecados, sino expresiones legítimas del gozo humano. Su discurso desafía las normas morales tradicionales y denuncia la represión histórica del cuerpo y la pasión. Lujuria se convierte así en una voz que incomoda, pero también libera, cuestionando la hipocresía social que condena el placer mientras lo busca en secreto.

Se puede decir que la obra utiliza este personaje para abrir un debate sobre la moral, el juicio y la libertad. En medio de lápidas y mausoleos símbolos de lo que la sociedad decide enterrar. Lujuria se niega a morir. Representa la fuerza vital que persiste incluso en los espacios más rígidos, y nos invita a reflexionar sobre lo que realmente significa vivir con autenticidad.

Nosotros estrenamos esta pieza en el lugar donde ensayamos en la Calle Linden en Allentown, el 14 de mayo de 2022. Mi amistad con José tiene varios años, nuestro trabajo artístico comenzó cuando realizamos los cortometrajes "Cómo ha sido tu día" en 2017 y "Selfi" en 2018 el cual el 14 de abril de 2024 fue seleccionado como el mejor en español en el Allentown Film Festival.

Hemos realizado varias lecturas y puestas en escena de "Entre lápidas y mausoleos" y casi todas las aquí presentes hemos formado parte del elenco de dicha pieza de la cual presentamos una parte a continuación.

IRA (Ogilda Bueno): Ven la tumba allá atrás (*Señala*) a ese lo ha debido de querer mucho su viuda, ella viene todas las semanas y todas las veces que viene llora. El sepulturero de ese lado contó que el tipo era bipolar y que murió de un ataque de cordura.

LUJURIA (Einis Dávila): El Día de los Muertos esto aquí se llena. Vienen desde temprano con las flores, la comida, la bebida, los juegos, muchas fotos y otras cosas.

GULA (Sandra Vargas): Es algo muy serio.

LUJURIA (Einis Dávila): Se ve de todo, aquí viene una señora que trae a la amante de su difunto esposo. Las dos lloran, se emborrachan y se van cantando.

JOSE DIAZ: (*Sonido seco de las tablas. Pausa. 3 golpes al triángulo*)

Ana María Hamilton

Me llamo Ana María Hamilton. Soy Cubana. Mi papa era Fotógrafo y la fotografía era el negocio de la familia. Desde niña fui expuesta a las artes en general, música, museos y el teatro. Cuando fui a la Universidad de la Habana, tuve le oportunidad de asistir a muchas obras teatrales. Siempre lo disfrute, aunque nunca se me ocurrió que yo pudiera ser parte del teatro. Como algunos de ustedes saben mi profesión son las artes plásticas.

Conocí a José Díaz, hace muchos años y con él y su esposa Danilza hemos asistido a varias presentaciones de teatro.

Hace cinco años mas o menos que José me llamó y me preguntó que si yo quería ser parte de un grupo de teatro experimental que él estaba formando. Nunca pensé hacer algo así, pero me gusto mucho la idea de presentar esto a la comunidad hispana. Yo, como mi apellido de casada Hamilton lo dice, había transcurrido por muchos años un poco alejada de mis raíces hispanas.

Cuando mi esposo murió hace 15 años y mis hijos hicieron sus familias pensé que ademas de la pintura el ser parte de un grupo como el que José estaba formando seria una oportunidad excelente para yo reconectar con mis raíces. Acepte enseguida. La idea de representar distintos caracteres en un escenario me encantó.

Recordando como cuando de niña me gustaba mucho jugar con mis primos y pretender ser indios o vaqueros. Todavía recuerdo que mi carácter favorito era "David Crocket".

Aunque no sabia como mi aporte sería ya que nunca había tenido experiencia teatral. Hemos tenido el apoyo de José que no solamente es un excelente escritor pero ha sido un magnífico maestro en cuestiones teatrales.

Esta decisión ha sido una que me ha traído inmenso placer, y estoy muy agradecida de todas mis compañeras. Nos hemos conocido y compenetrado como hermanas. Nos apoyamos mucho y con la ayuda de nuestro director, podemos representar estas obras que yo pienso que nos han tocado el corazón a todos. Viva el teatro.

(3 golpes al triángulo)

Amparo Cordero

Mi nombre es Amparo Cordero, soy Dominicana. Desde la adolescencia me involucré a actividades culturales, artísticas y educativas. Formaba parte de un grupo cultural donde hacíamos poesías coreadas, bailes folclórico y llegamos a hacer dos sencillas obras teatrales. También alfabetizábamos niños de un barrio muy marginado de mi Pueblo. Con el pasar de los años llegó la vida adulta con todas las responsabilidades que implica: familia, trabajo y diversos compromisos por lo que mi participación activa en el mundo del arte y la cultura se puso en una pausa prolongada, pero conservaba en mi interior el amor y la voluntad de algún día retomar parte de aquello que me hizo tan feliz y... Bingo!, un día, hace aproximadamente cinco años, José Díaz, al que conocía pero no había tratado de cerca, me escribió por messenger y me dijo: he observado que a usted le gusta participar en actividades de la comunidad y la he visto en algunas exposiciones, tengo un proyecto que me gustaría presentarle y que forme parte de el. Me presenté el día y a la hora indicada y hasta "el sol de hoy".

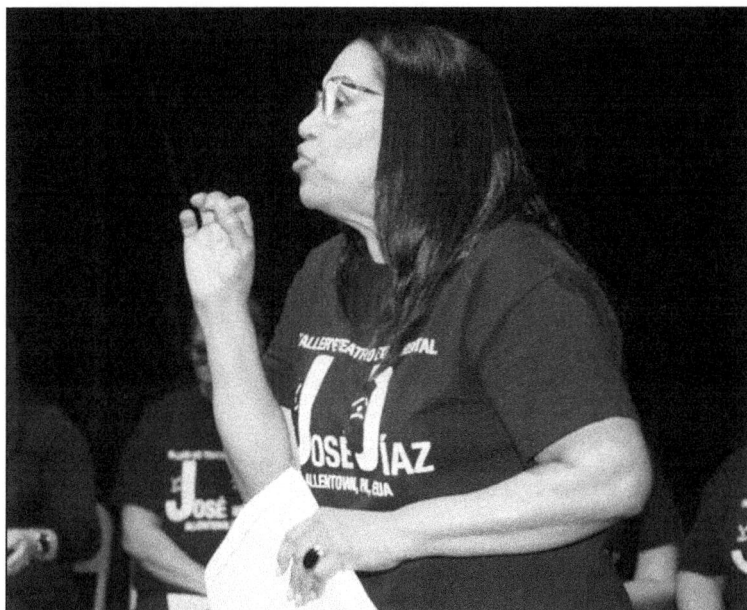

Este grupo me ha permitido retomar y vivir aquellos sueños de juventud.

Definitivamente, estoy feliz de pertenecer al grupo de teatro porque además del trabajo maravilloso que se hace, cada reunión, cada ensayo es una terapia, pues aunque somos personas de diferentes países y diferentes personalidades, hemos logrado formar un grupo monolítico, con una maravillosa camaradería de apoyo, tolerancia, respeto, amor y armonía

(Vianesa Tatis coloca la mesita para el juego de la bolita en el proscenio. Sonia Hernández coloca los vasitos en la mesita)

Sobre la obra "8 x 8 encuentros" les cuento que ocho mujeres, una carterista, una payasa, una madre soltera, una millonaria, una inmigrante, una puta, una loca y una política, se encuentran fortuitamente y cada una de ellas narra su historia, sus vivencias, sus creencias y sus pro-

puestas ante el asombro, la aprobación, el rechazo y la complicidad de las otras. Mujeres de diferentes conductas, profesiones, estratos sociales se muestran tal y cuál ante la vida y la comunidad que las rige. Esta pieza camina por esos espacios que al espectador después de transitar lo obligarán, necesariamente, a cuestionar sus propias convicciones y las reglas de la sociedad en que vivimos.

LA PAYASA (Einis Dávila): Vamos a ver. *(Comienza a realizar el truco ¿Dónde está la bolita?)* Ustedes me dirán dónde está la bolita. *(Todas se paran curioseando cerca a la mesa del juego y tratan infructuosamente de acertar)* Lo realiza unas tres veces antes de invitar a un par de personas del público que obviamente no adivinarán *(Las otras mujeres le ayudan con el público)* ¿dónde está la bolita?

LAS OTRAS MUJERES: *(Murmuran, comentan y se cuestionan)* ¿Dónde está la bolita?

LA PAYASA (Einis Dávila):   Riamonos antes *(ja, ja, ja)* esto de la bolita depende del mago o de quién lo hace. Como todo en la vida. No olvidemos que quien cuenta la historia es el dueño de ella. *(Pausa)* Mi abuela decía: cada uno habla de la fiesta según le fue en ella (Pausa, pensativa, analítica) El perdedor casi nunca cuenta la historia y si lo hace, si lo hace, justifica su derrota. Pero el ganador es la gran mayoría de las veces quien la cuenta, quien además la ajusta a su conveniencia para que su triunfo sea incuestionable, épico. *(Al público)* ¿O no?

LAS OTRAS MUJERES: *(Murmuran, comentan y se cuestionan)* ¿Dónde está la bolita?

LA PAYASA (Einis Dávila): La bolita la escondemos hasta que decidamos que alguien la encuentre. Ganamos con trampa, entonces, realmente no ganamos, pero creemos que ganamos. ¿Me entienden?

LAS OTRAS MUJERES: ¿Cómo así? ¿Ganamos pero no ganamos? Es un sofisma.

LA PAYASA (Einis Dávila): No, no, es claro, muy claro. Cuando hacemos trampa para ganar, realmente no hemos ganado, hemos hecho trampa. Por lo tanto, la victoria no es real y se celebra, pero lo que se celebra es una mentira. *(Al público)* ¿Leen el horóscopo? Pueden empezar por ahí para entenderlo. Una mentira que agrada, pero es una mentira. Parte de los códigos o de las respuestas condicionadas. Parte de la enseñanza de mentirosos conceptos con los que nos han levantado

LAS OTRAS MUJERES: Wow. *(Hacen muecas preguntándose, admirándose)* Wow.

JOSE DIAZ: *(Suena un pito. Pausa. 3 golpes al triángulo).*

Chiquinquirá "Chiqui" Morales

Esta noche hablaré de mis sueños, los mismos que comencé a tejer desde mi niñez en mi natal Mompox, mi preciosa isla patrimonio histórico de la humanidad. Allí, mirando noche tras noche, en un pequeño televisor cuya imagen era en blanco y negro, las novelas que se nos permitía ver, recuerdo a "Topacio", "Esmeralda", "El Marajá de Capurtano" y otras. Vinieron después las presentaciones en la escuela. Siempre me gustaba interpretar los personajes que tuvieran humor o que bailaban. Llegué a mi madurez en Barranquilla, Colombia, allí trabajé en una fábrica de salsa de tomate. Recuerdo que convocaron para un personaje que hacía de "espanta pájaros", yo estaba dispuesta. Fueron muchas mis participaciones las cuales por razones de tiempo no puedo compartir. Ahora, a mis setenta años, mis sueños no han claudicado. Encontré el "Taller Experimental de Teatro José Díaz" el cual ha llenado de satisfacción mi vida. El teatro le permite a uno realizar cosas que uno ve lejanas o que no haría bajo, vamos a decir, condiciones normales. En "El asilo", una de las obras de grupo, personifiqué a una paciente de un asilo llamada Josefa, en ese asilo había una paciente llamada Deborah, ella era mayor de 80 años y tenía unas actividades extrañas para su edad. En un momento tuve la indecisión de tomar el papel o no porque contar sobre dicha actividad me sacaba un poco de mi forma de ser. Pero entendí que el teatro tiene esa maravilla de permitirle a uno ser quien uno no es. A ver les cuento un pedacito de la obra, yo estoy sentada en una silla de ruedas.

(Suena un triangulo tres veces para romper y dar paso al diálogo de la obra)

JOSEFA: En el cuarto, al lado del de Teresa, el que está desocupado, vivió una señora que se llamaba Débora. Antes de que tu Irene *(Señala a Irene)* comenzaras a trabajar aquí. Débora nos despertaba algunas noches con unas fiestas eróticas que deberían ser fabulosas para ella.

(IRENE (Einis Dávila: ¿Cómo?) (Otro tono) La meno-
pausia de Débora, debió haber sido tema de estudio profesional. *(Otro tono)* Débora, de más de 80 años, se
masturbaba a grito pelao. *(IRENE: ¿Qué?)* Comenzaba su
fiesta diciendo "Santiago, Santiago, si estos calores son
para gozo y no para abrir las puertas del infierno que lleguen acompañados de soles y temperaturas irresistibles",
(IRENE: !Hum¡) tiraba la cobija al piso, se sacaba la pi-
jama y comenzaba a frotar su cuerpo seductoramente con
un aceite de almendras que Clarisa *(Señala a Clarisa)* le
compraba. Entonces lanzaba algo así como un relincho y
desparramaba mucho aceite entre sus senos envejecidos
y se masajeaba hasta el ombligo y repetía: "Santiago, Santiago, si estos calores son para gozo y no para abrir las
puertas del infierno que lleguen acompañados de soles y
temperaturas irresistibles", *(IRENE: !Hum¡).* Hacía una
pausa y abría un frasco con perfume de rosas *(Con humor)*
que también le compraba Clarisa *(Otro tono)* y lo rociaba
como cuando un cura rocía el agua bendita sobre un fére-
tro. Se contorsionaba e invocaba a Juan, el aceite de al-

mendras llenaba el ombligo y sus alrededores, los movimientos de su ágil cuerpo eran cada vez más sensuales, se soltaba hasta perder la vergüenza, su mano derecha refregaba el pubis, *(IRENE: ¿Cómo?)*, subía las piernas y apartaba sus pies de manera exagerada, como para que el calor de sus muslos no se topara entre ellos, su cabello, abundante, a estas alturas ya estaba desordenado, la mirada fijada en los recuerdos. "Pediste esto y esto te di. Gozaste aquí y yo de ti" *(IRENE: ¡Hum¡)*, enseguida un chillido como cuando están castrando un cerdo. Más agua de rosas y más aceite de almendras. El turno para Honorato *(IRENE: ¡Wow¡)*, al que le decía "Contigo la parranda fue buena, de baile en baile hasta el amanecer, porque contigo, Honorato, nunca fue para un rato" *(IRENE: ¡Ajá¡)*, y más chillidos y ya las luces de todos los cuartos estaban encendidas, pero nadie se atrevía a interrumpirla, total no le hacía daño a nadie, al contrario, cada una en su aposento se divertía con la fiesta de Débora, ya conocíamos los personajes y la rutina, pero ella tenía un swing que la hacía cada vez distinta y entretenida. *(IRENE: ¡Bueno¡)*, "Que no se muera el amor y que por siempre vivas, Nicanor, *(IRENE: ¿Otro?)*, estés, donde te hayas ido, donde vivas, donde hayas muerto, Nicanor, nadie como tú, para asuntos del amor" *(IRENE: ¡Hum¡)*, gemidos y silencio, a los pocos minutos el cuerpo exhausto de Débora comenzaba el viaje profundo del sueño entre ronquidos placenteros que presagiaban que una noche próxima estaría llena de fortaleza, aceite de almendras y perfume de rosas *(Con humor)* que le compraba Clarisa *(IRENE: ¡Oh¡)*. *(Pausa y otro tono)* Débora no despertó un día, la cobija bañada en aceite de almendras y perfume de rosas le cubría los pies, estaba desnuda, sus pechos cansados, descolgados, ancianos, daban fe de que ya no era, sus labios mostraban la satisfacción de haber gozado lo vivido. *(Se persigna. Otro tono)* Que Dios la tenga en su santa gloria.

(*Pausa*) Esa es la magia del teatro, una imagen surrealista que se convierte en humor dentro de un lugar de pesar y desesperanza, que es ese asilo, que escribió José.

Para terminar mi intervención les cuento que cuando tenía 50 años le expresé a mi comadre Rosario Kae que algún día iba a ser actriz porque ese era mi sueño. "Quién sabe con qué tiempo" me contestó ella. Ahora le envío videos, recortes de prensa, libros donde aparezco para recordarle que nunca se deben sepultar los sueños porque ellos no tienen edad.

(*3 golpes al triángulo*)

Sandra Vargas

Buenas noches, como ya dijo José, mi nombre es Sandra Vargas, lo que yo tengo escrito aquí no es lo que voy ha decir esta noche. Voy a decir algo diferente. Lo otro lo había escrito con la ayuda de la AI para, vamos a decir estar tranquila y que José estuviera tranquilo sabiendo que me habia preparado. Pero lo que vengo a decir dice que el teatro para mí ha sido una bendición. Yo conocí a José como él dijo visitando una emisora en la que yo trabajo. Yo tengo una situación muy complicada para hacer click con la gene y cuando eso pasa pues no la dejo ir. Hice click muy fácil on José. Me gustaban sus historias, la forma en que él hablaba, sus experiencias y la forma en que ve la vida. Al día de hoy le agradezco mucho que me haya insistido tanto. Un día me preguntó que si podía llevar el grupo a hablar en la emisora sobre el teatro, le dije que sí.

Fueron y hablaron de la obra y a mi me dio mucha envidia al escucharlos pues tantas veces que me dijo que fuera y yo no estaba ahí. Me gustó mucho la historia. Era de la obra "Entre lápidas y mausoleos". Me dijo que era una lectura y que en la próxima obra podía estar. Trabajé en "8 x 8 encuentros", hice el papel de una inmigrante que era evangélica y que engañaba mucha gente. José va viendo el potencial que uno tiene y va arreglando las cosas y los personajes. Le agradezco mucho porque me ha ayudado a reconocer en mi que puedo hacer cosas que no podía hacer. No tanto pararme en un escenario porque por mi trabajo lo hago, pero memorizar cosas por el oficio y la falta de tiempo, pero me he dado cuenta que puedo. Agradezco mucho a las participantes del grupo y agradezco mucho la amistad de José.

"La última parada", es la obra con la que acabamos de terminar una gira por Filadelfia, Lancaster y Reading, comenzamos aquí en el Touchstone el 22 y 23 de agosto. "La última parada" escrita y dirigida por José Díaz, tiene lugar en el consultorio de Jacoba, una mujer que muchos creen es bruja. Las clientas que son una mujer que no sabe cuál será el futuro de sus finanzas, una alcohólica "Curda", esa soy yo, una jugadora, una mujer obsesiva y una encariñada con los zapatos, propios y ajenos, que le despiertan un profundo deseo sexual, la visitan buscando corregir sus traumas, problemas y vicios. Mientras están buscan alivio, Sacrificio y Malabares, las asistentes de Jacoba, mantienen su propia pugna entre quejas, correcciones y malestares. La pieza sorprende en su desenlace final, inesperado por la audiencia, que le permite a los espectadores conocer otras reglas de la vida.

(*Pausa, se para en el proscenio y bamboleándose como en la pieza, alcoholizada dice*) Te escuché decir que tuviste una relación con un huele braguetas. Sé lo que eso signi-

fica. Amé un tipo con todo mi corazón. Me entregué toda. Un día, sin pelea ni nada, sin ningún argumento me dijo que no me quería. (Pausa) Que no tenía a otra. (Pausa) Que no podía vivir más conmigo porque yo lo asfixiaba, lo controlaba demasiado. Le dije que habláramos, que llegáramos a un acuerdo. Yo trabajaba en un consultorio dental. Vivíamos, vamos a decir, relativamente bien. El era o es, vendedor y muy bueno por cierto. No hay acuerdo, me dijo y se marchó. En esos días pensé que estaba embarazada y eso complico mi sufrimiento. Comencé a beber para quedarme dormida y no pensar y aquí estoy, ya no pienso pero bebo. Bebo y me gusta como a Maroma que le encantan sus apuestas. He venido a pedirle a Jacoba muchas veces que me ayude a salir del hoyo. Me gusta cuando me dice "Solo tu podrás sacarte del hoyo". Salgo motivada, duro sobria un día y vuelvo a la cantina, a esa que visita Fat Pussy. Un ambiente oscuro, grosero y barato donde van habitantes de la calle, atracadores y un ex sicario al que llaman "Pacho balazo". Esas joyas, y yo, somos los consuetudinarios de "La gota que ayuda" que es como se llama esa guarida (Pausa) Salud!

TODAS LAS MUJERES: Salud!

OGILDA BUENO: ¿Te lo bebiste todo?

SANDRA VARGAS: Sí, se acabó.

OGILDA BUENO: No beberás más.

(3 golpes al triángulo)

SANDRA VARGAS: (Ogilda Bueno, le ha pasado un bastón) Gracias, lo estaba buscando. *(Pausa. A José)* Espérate, párame el sonido del triangulito. *(Comienza a quitar la parte superior del bastón y saca una ampolla con licor del tubo o de la varilla del bastón. La muestra y dice)*

Ahora uso el recurso del mantenimiento sostenido que no es otra cosa que proteger una reserva confiable. *(Se toma lo de la ampolla y dice)* Salud!

TODAS LAS MUJERES: (Eufóricas) Salud!

Ogilda Bueno

Ya vieron como la compañera Sandra Vargas, se transformó en una borracha. Vimos la borracha, ella lo hizo muy bien. Casi casi que estuvimos en el interior de "La gota que ayuda", ese es el sentido de la transformación del actor y de la actriz, llevar al espectador por un camino donde va a creer lo que está viendo a sabiendas que es un montaje, eso es parte de la magia del teatro. En la misma pieza yo hice el papel de "Malabares" un personaje que trabaja en el consultorio de "Jacoba" ese personaje no va más allá de ser una ayudante que tiene un contrapunteo con una compañera de trabajo que es "Sacrificio", pero nada realmente que exagere la nota. En cambio en la pieza "El asilo" que muchos de ustedes conocen, personifiqué a "Elvira', una enfermera medio o bastante sádica que tortura a una paciente que sufre de Alzheimer y que está ida, yo me entero que a la paciente, que se llama "Teresa", la asustan los espejos, que les tiene fobia, entonces en un momento de la pieza yo entro a realizar un acto deplorable de tortura que es parte de mi personaje. (Ogilda se coloca detrás de Sandra Vargas para la escena).

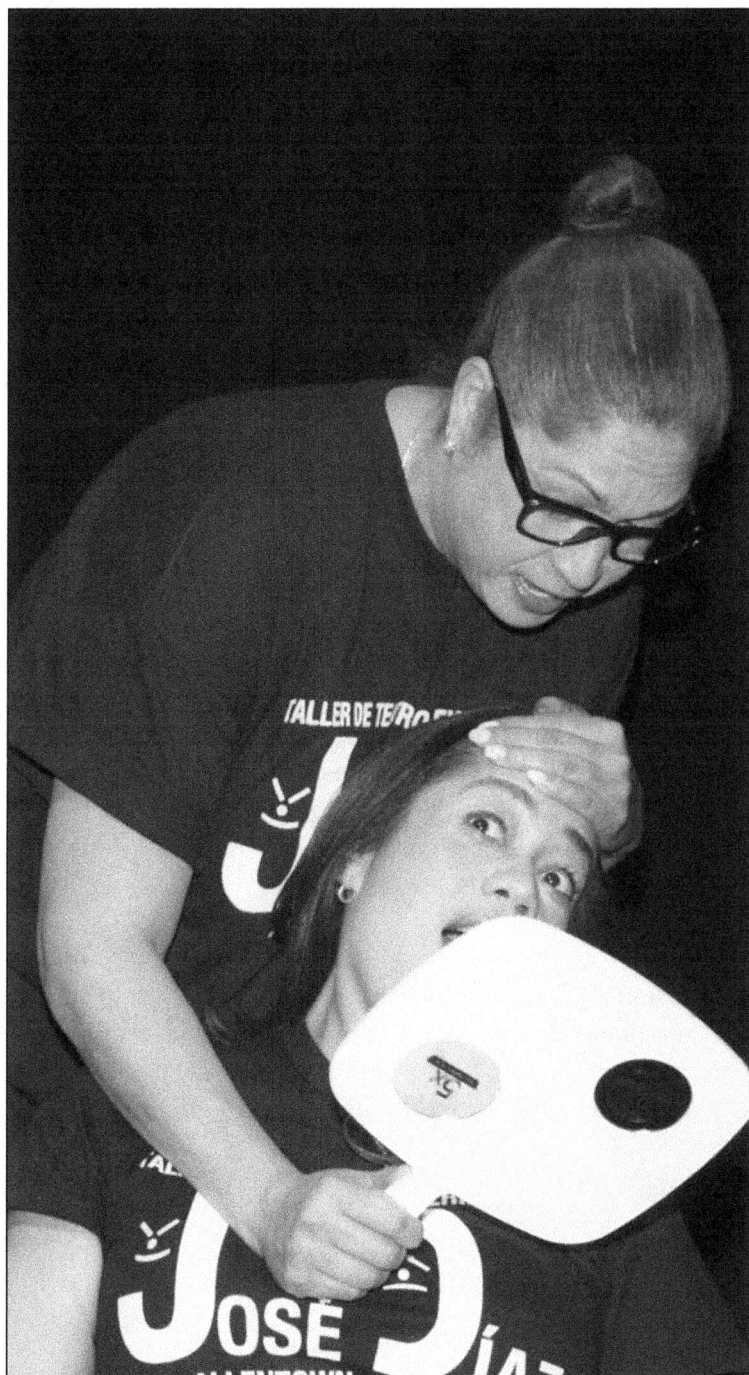

ELVIRA: *(Rosalía sale con Irene. Elvira ha regresado y se sienta frente a Teresa. Josefa cabecea y se duerme. Al verse sola con Teresa saca un espejo de su uniforme y se lo enseña a Teresa)* Teresa, amiga, cuando te pida el brazo para tomarte la presión no me hagas pasar malos ratos. ¿Entiendes? *(Teresa ha visto el espejo, Elvira continúa diciéndole cosas al oído y el pánico de Teresa se le refleja en la cara. Elvira sigue agrediéndola. Josefa despierta y al ver la escena confronta a Elvira)*

(Ogilda pausa, guarda el espejo, Sandra regresa a su posición original) Ese es el trabajo para el que uno se prepara a conciencia, conecta con el personaje, las dos conectamos, ambas nos transformamos, enfermera y paciente, de una manera creíble, eso es lo más importante, que sea creíble.

TODAS LAS MUJERES: *(Gritos de alegría, hurras. Mostrar que acaba de haber una transformación de la pasividad a la euforia).*

(3 golpes al triángulo)

Einis Dávila

(*Se para y camina el proscenio de izquierda a derecha, conversando*) Como dijo José, soy Einis Dávila, les voy a hablar del futuro (*Señala su estomago*) el mío que en marzo recibirá mi primer bebé y de nuestro grupo que también en marzo estrenará la pieza "La cárcel bellavista" escrita y dirigida por José, nuestro quinto montaje, aquí en el Teatro Touchstone, donde iniciaremos una gira que nos llevará a Filadelfia, Lancaster y Reading. He tenido la fabulosa experiencia, como todas las compañeras que hoy me acompañan (*Las señala*), de pertenecer a este extraordinario grupo. Mi viaje aquí comenzó hace varios años, he participado en las cuatro piezas anteriores que el equipo ha trabajado y de las cuales ustedes han visto varias o todas y que las compañeras han refrescado esta noche. También en 2026 presentaremos la pieza "Cinco", escrita por José que comienza así: (Redoble de tambor. Milly Canelo, se para y le entrega un bastón. Sonia Hernández, le coloca un sombrero de copa. Milly y Sonia le ayudan a colocarse unos guantes blancos. Einis se moverá libremente sobre el escenario como un maestro de ceremonias de un cabaret. Cada que nombre una de as situaciones con "cinco" hará una mímica correspondiente al hecho indicado. Milly y Sonia le acompañarán y ayudarán en este proceso). Cinco son las lineas del pentagrama musical. (*Milly y Sonia indican con sus manos abiertas el número cinco*) Cinco los paticos que se alejan de su madre. (*Milly y Sonia con una mano sobre el brazo mueven los dedos de la otra mano como si los paticos corrieran. La caja plástica las acompaña mientras hacen el movimiento de las manos sobre los brazos-4 veces los pasos de los paticos-podrían sonar como los cascos de los caballos pero muy suavemente*) Cinco las llagas de Cristo. (*Milly y Sonia señalan las heridas en los pies, las manos y el pecho*) Cinco puntas tiene la estrella del diablo y cinco la estrella llamada pentagrama con sus diferentes interpretaciones. (*Milly y Sonia muestran alegría y regocijo con sus brazos y piernas abiertas-Pausa*) Cinco los hijos de Benancio (*Milly y Sonia indican con sus manos abiertas el número cinco*) un buen hombre montañero dedicado a la agricultura (*Milly y Sonia hacen el ademán de un hombre trabajando la tierra con un asadón. Se araña el tambor mientras Milly y Sonia hacen el ademán de trabajar con el asadón*), a esa noble tarea que nos nutre y energiza (*Milly y Sonia muestran satisfacción frotando el estomago con alegría y muestran la fortaleza en sus brazos doblados noventa grados con el puño cerrado*). (*Pausa*) Cinco las veces que Gabriel Antonio Goyeneche (*Milly se coloca un sombrero y Sonia le levanta la mano haciendo señal de victoria*) fue candidato a la presidencia de Colombia. (*Pausa*) Cinco dedos en manos y pies. (*Milly y Sonia indican con sus manos abiertas el número cinco-Pausa*) Cinco pétalos en algunas flores.(*Milly y Sonia gesticulan como quitando los pétalos de una flor. La caja china las acompaña mientras quitan los cinco pétalo, cinco golpes a la caja china*) Cinco brazos en las estrellas de mar. (*Milly y Sonia indican con sus manos abiertas el número cinco*) Cinco sentidos (*Milly y Sonia señalan la sien. Un golpe seco de la caja plástica*). Cinco

elementos. (*Milly y Sonia inhalan profundamente*) según Aristóteles. (Pausa) (*Milly y Sonia se han separado y colocado a lado y lado de Einis. Sonia silba llamando la atención de Milly que atiende y le tira una balón de fútbol imaginario rodando sobre el piso, Sonia lo recibe, lo para y lo pasa a Einis, la caja plástica acompaña cada toque. Einis lo recibe y de taquito y lo tira a su mano izquierda, Einis es zurda. La caja plástica acompaña cada toque del balón.*) Cinco veces ha ganado Brasil la Copa Mundial de Futbol, tres de ellas con Pelé, de otro planeta, de otra liga, inigualable. (*Milly y Sonia dicen con fuerza:* Oh Rey, Oh Rey. *Todas las mujeres:* Oh Rey, Oh Rey) "la número cinco" (*Einis ya la tiene en una mano y Milly y Sonia la señalan*) un tango de Yiso y Cufaro. (*Todas las mujeres hacen un sonido como si sonara un bandoneón. La caja plástica las acompaña con dos toques. BIS. Pausa*) Cinco los minutos en que se quema el pan (*Usa el bastón como si fuera una echadera. Cinco golpes suaves y lentos en la*

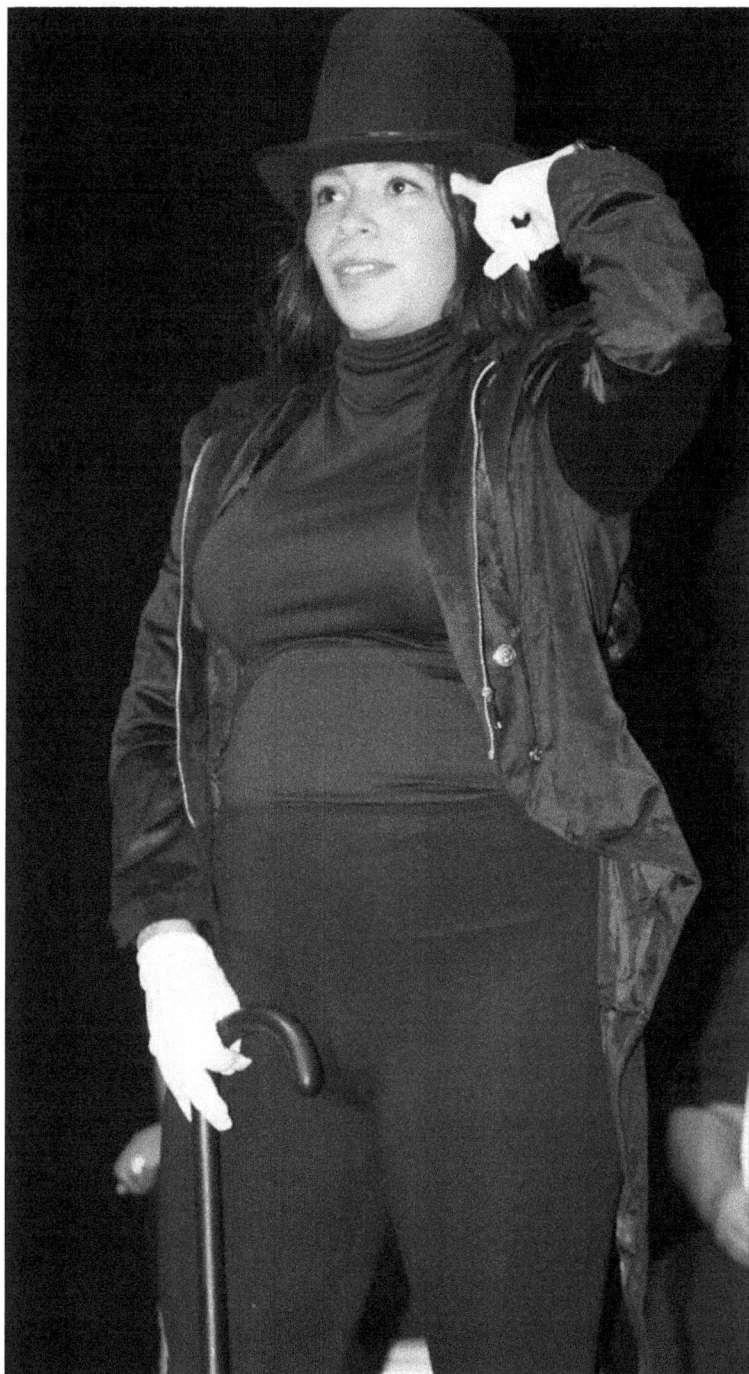

caja china). Cinco más tres los asaltos en que Alí le ganó a Foreman (*Einis, Milly y Sonia imitan a Alí y Foreman. El platillo de la batería suena desordenadamente como cuando alguien quiere llamar la atención del público*). Cinco los días que te rogué (*Milly y Sonia hacen cara y gesto de sorpresa y tristeza*) Ya sabes (*Einis señala a cualquiera en el público*). Cinco las veces que me engañó Rastacatán. (*Milly y Sonia hacen cara y gesto de tristeza*) Cinco de Mayo (*El bastón sirve de fusil. Milly y Sonia hacen ademanes de soldados en batalla*). "Cinco centavitos de felicidad" (*Einis los saca del bolsillo del pantalón y lo enseña. Milly y Sonia, curiosean*). 5 de Chanel (*Einis, Milly y Sonia se aplica un poco de perfume detrás de la oreja o usan un atomizador*). Cinco las vocales (*Einis, Milly y Sonia las cuentan con los dedos de una mano. La caja plástica las acompaña*). 5 en tercera (*Sonia lanza la bola y Milly la recibe con su guante, como si estuviera en la tercera base de un ampo de beisbol*). *Redoble de tambor y golpe seco en la caja plástica al Milly coger la pelota*). Cinco los nombres del frijol (*Einis los enumera y los va contando con los dedos, al final se da cuenta que son más de cinco y hace cara de sorpresa al llegar al número seis. Cada que Einis nombra una clase de frijol, la caja china acompaña suavemente los cinco primeros y la caja plástica los restantes. Milly y Sonia están sorprendidas)* alubia, judía, frijol, frísol, frejol, habichuela, caraota, poroto. *(Pausa)* Cinco los boleros que enamoraron a mis padres *(Cara de añoranza. Milly y Sonia bailan a ritmo de bolero. Suena la clave).* Cinco goles le metió Colombia a la Argentina en el Monumental, *(Golpe seco con la baqueta del bombo al tambor)* Diego,"El pelusa' de Villa Fiorito estaba en la tribuna, *(Golpe seco con la baqueta del bombo al tambor)* Maradona, grande entre grandes. *(Golpe seco con la baqueta del bombo al tambor. Pausa).* Cinco pares de cuerdas tiene el Charango y cinco son las del violín de cinco cuerdas. *(Usa el bastón como tiple y violín. Milly y Sonia acompañan la descripción).* Cinco los cheques que me devolvieron de un fulano al que creí mi amigo, *(Sonia presenta los cheques y Milly que hace de cajera le indica que no hay dinero. Pausa. Einis como diciendo un secreto y ayudándose con una mano como haciendo un altavoz con la mano en la mejilla a la altura de la boca)* ven, no se puede confiar en nadie. *(Einis entrega el bastón a Milly. Pausa. Seductora, se acaricia el estómago y se pasea por el proscenio. Milly y Sonia la siguen)* Cinco los minutos en que se puede hacer algo delicioso, fabuloso, maravilloso, extraordinario e inolvidable. *(Pausa. Redoble del tambor-Podría ser un fragmento de "Guillermo Tell" o "La Gazza Ladra")* Cinco las historias que hoy contamos y cinco, *(Cinco golpes en la caja plástica. Cadencia moderada para dar tiempo a que Einis se quite un guante y lo lance sobre el hombro, en voz alta, como dando una orden)* de frente, porque no hay quinto malo. *(Pausa. Milly y Sonia se separan. El tambor suena con tonos que indican que la jornada ha terminado. Pausa) (Einis, como terminando un show)* Gracias por habernos acompañado esta noche y esperamos verlos muchas, muchas veces más. *(Milly y Sonia aplauden. Todas las mujeres: (Se paran. Aplauden)*

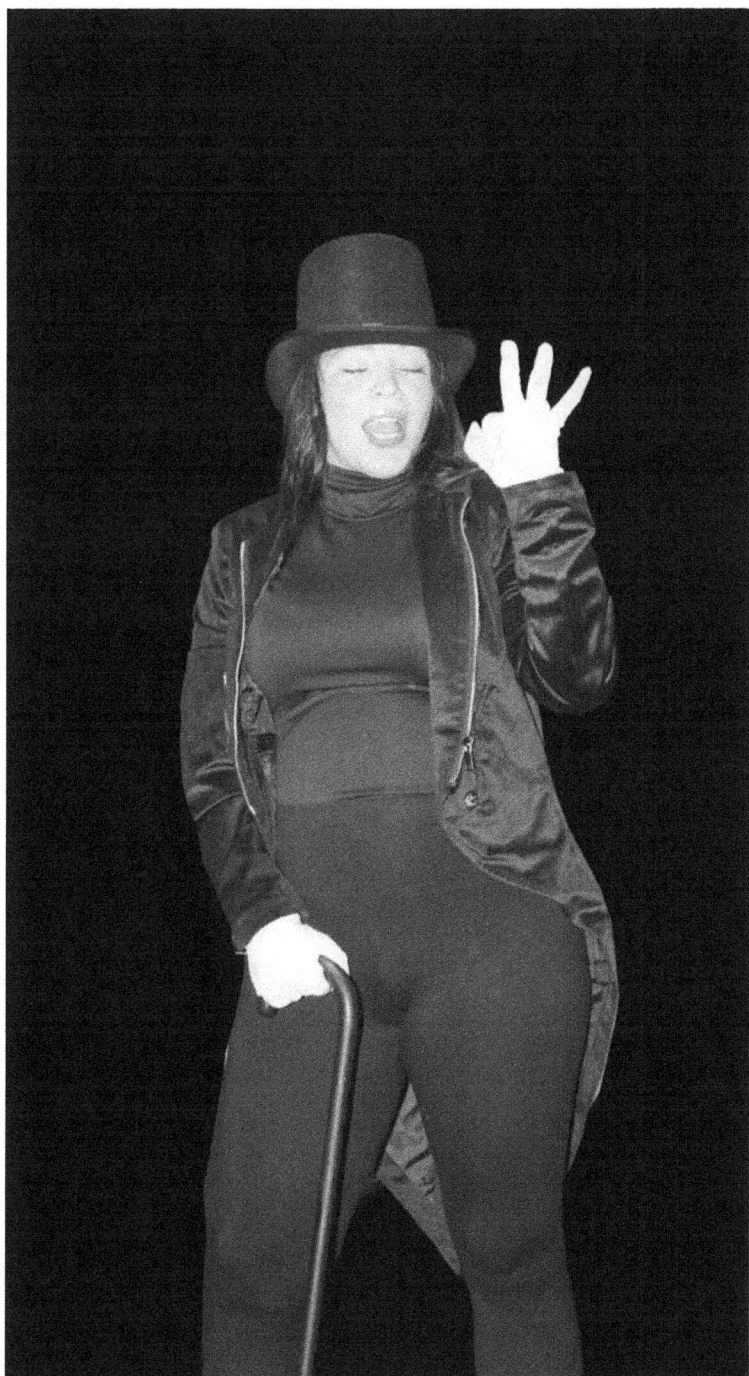

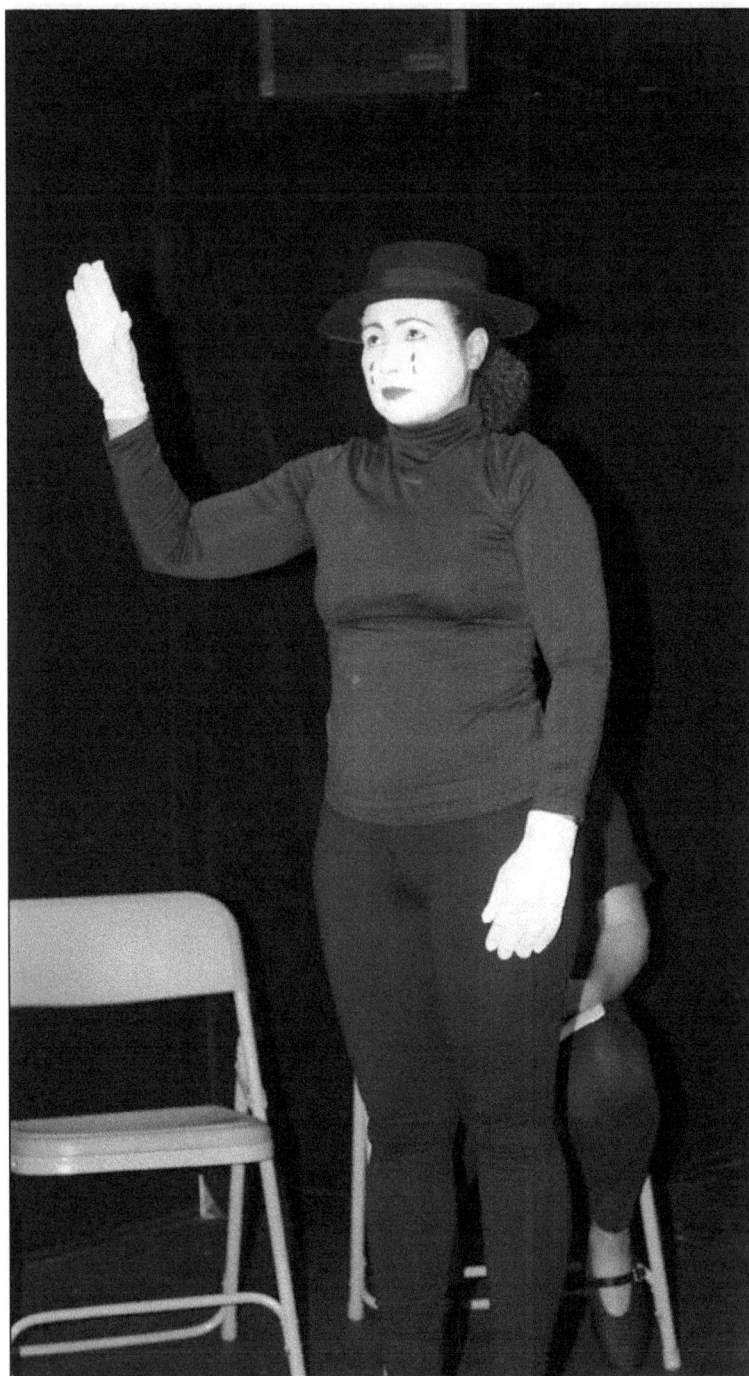

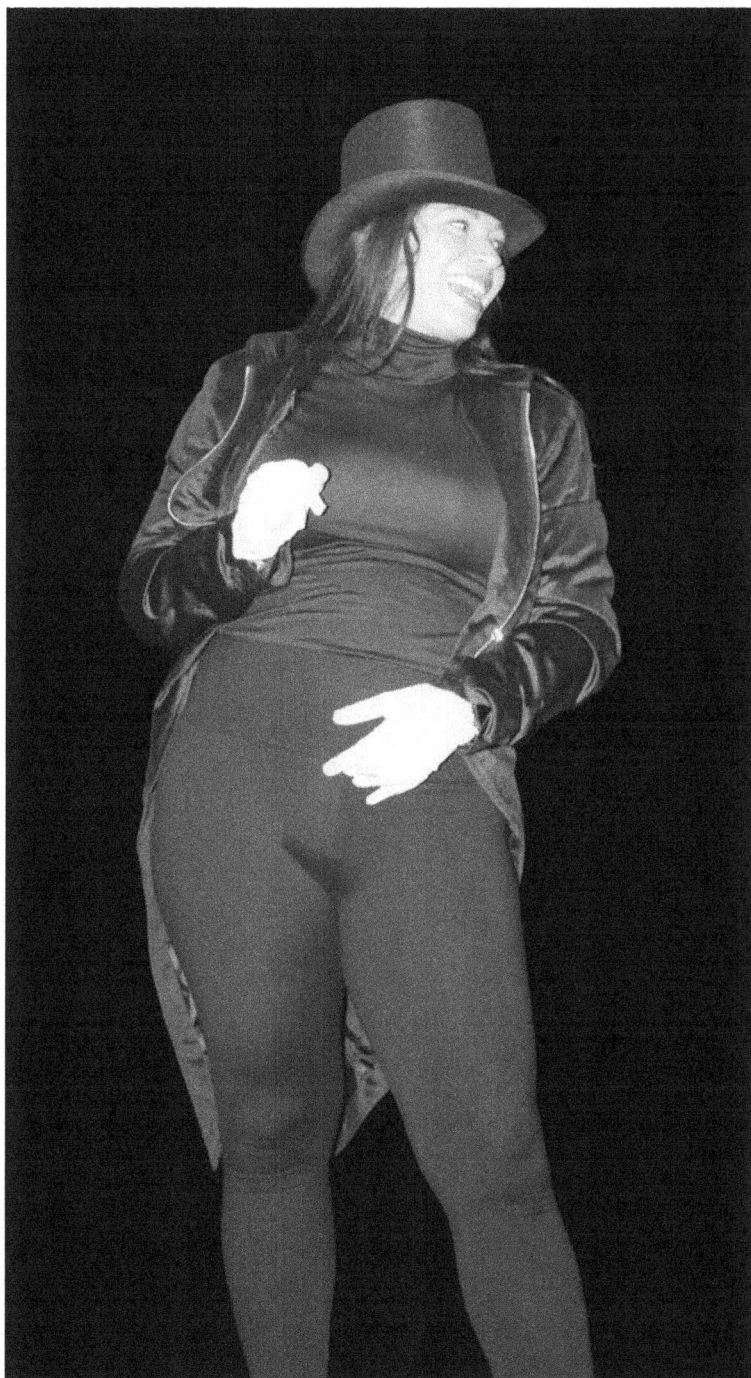

Einis Dávila, escribió un día después del encuentro: "Anoche cayó el telón en mi última obra (por ahora) antes de tomar un descanso y comenzar un nuevo capítulo en mi vida. El teatro me ha dado más de lo que las palabras pueden expresar: conexión, alegría, creatividad y libertad. Es un recordatorio de que cuando hacemos algo que nos gusta o apasiona, el alma respira más ligera. Agradecida por mis maravillosas compañeras de escena y José Díaz, quienes convirtieron esta experiencia en algo verdaderamente mágico. Nos vemos en el próximo acto de la vida".

Quisiera tener 85 años para siempre
Pág. 3

anorama
Latin News
Porque usted quiere saber toda la verdad

Lea Panorama, es bueno, es gratis.

Año 24 No. 618. Desde el Valle del Lehigh hasta Filadelfia, Lancaster, Norristown y Reading, PA. Del 12 al 25 de noviembre de 2025

"Encuentro en el teatro"
Pág 6

De izquierda a derecha: Sonia Hernández, Einis Dávila y Mildred Canelo

Demócratas contraatacan
Foto The New York Times Pág. 4

Pasajeros y sillas de ruedas
Pág. 9

Problemas para Andrew
Foto The New York Times Pág. 14

Panorama Deportivo
Foto NYTS Págs. 21 y 22

HOROSCOPO

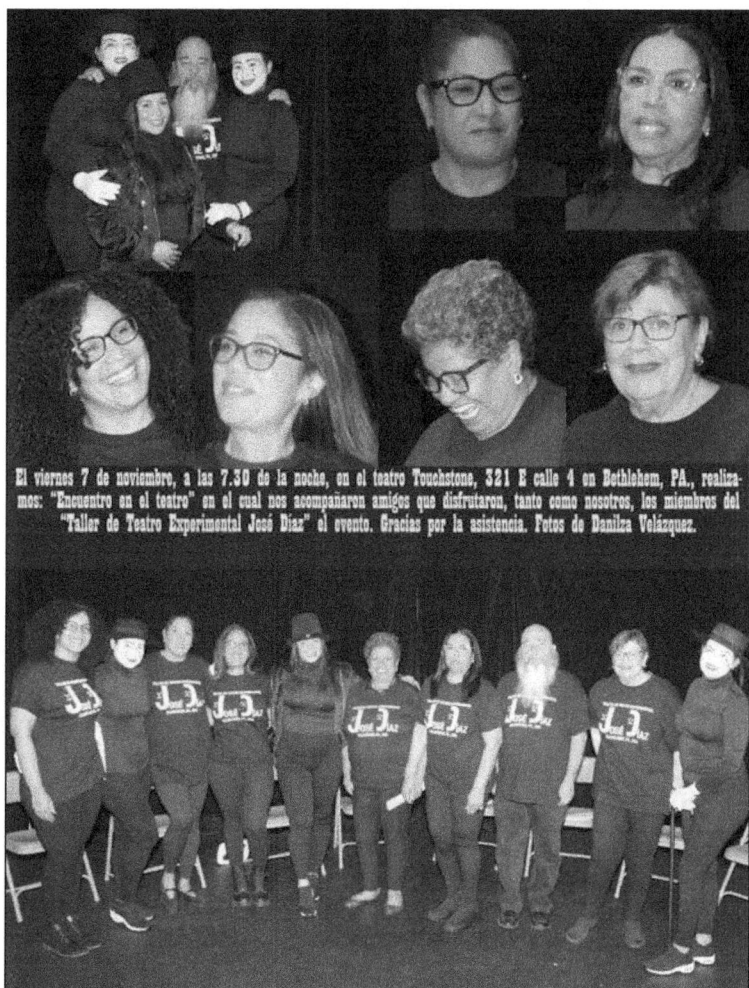

El viernes 7 de noviembre, a las 7.30 de la noche, en el teatro Touchstone, 321 E calle 4 en Bethlehem, PA., realiza-mos: "Encuentro en el teatro" en el cual nos acompañaron amigos que disfrutaron, tanto como nosotros, los miembros del "Taller de Teatro Experimental José Díaz" el evento. Gracias por la asistencia. Fotos de Danilza Velázquez.

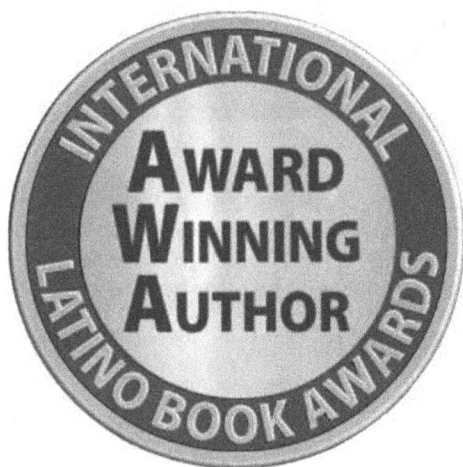

José Díaz es un autor galardonado por los Premios Internacionales del Libro Latino en los Estados Unidos.

www.ingramcontent.com/pod-product-compliance
Lightning Source LLC
Chambersburg PA
CBHW050947030426
42339CB00007B/320